Ne vous résignez pas !

Bruno Le Maire

Ne vous résignez pas !

Albin Michel

1

Le monde change et la France ne change plus. Le monde bouge et la France se crispe. Partout les échanges se développent – on instruit, on éduque, on forme et on fait grandir –, et la France diminue. Des continents entiers voient le siècle à venir comme une chance pour leur richesse, pour leur santé, pour leur culture, pour leur liberté, nous, nous le considérons comme une menace. À force de renoncement et de noirceur, la France se désespère. Combien de fois dans mes déplacements ai-je entendu cette remarque : « Je ne reconnais plus la France » ? Combien de jeunes de vingt ans ai-je entendus dire : « Je pars et je ne reviendrai pas » ?

Nous pouvons pleurer, les larmes ne servent à rien. Nous pouvons nous lamenter, aucune lamentation ne nous aidera à nous reconstruire.

Ne vous résignez pas !

Nous pouvons trouver tous les prétextes, toutes les excuses, nous pouvons mettre en cause toutes les nations et la mondialisation des nations, nous ne serons pas plus avancés.

Le problème est en France. La solution aussi.

2

Nous, Français, nous avons tout pour réussir. Nous avons les talents, les compétences, nous avons notre expérience des siècles passés, nous avons notre mémoire et nous portons un espoir. Pourtant, après trente ans de croissance ininterrompue, nous avons connu trente ans de chômage de masse et un désarroi qui se transforme maintenant en colère. Quel égarement collectif nous a conduits là ? Quel aveuglement sur le monde et sur nous ? La honte de ce que nous sommes a succédé à la gloire de ce que nous avons été.

Cela ne peut pas durer.

Alors, refusons ce que nous sommes devenus : un peuple esclave. Esclave de la classe politique qui ne change pas, esclave de vieilles recettes qui ne marchent plus, de dépenses publiques inconsidérées, de la construction européenne que nous subissons au lieu de la transformer, esclave de la bureaucratie, esclave de nos propres passions.

Nous sommes un peuple esclave, nous voulons redevenir un peuple libre.

Des heures sombres ? Nous en avons traversé. Un effondrement ? Nous en avons connu. Notre histoire est celle du peuple qui tombe et qui se relève.

En 2017, la France se résignera ou elle se redressera. Elle fera le choix du renouvellement de ses pratiques démocratiques, de ses grandes orientations économiques et sociales, ou elle continuera à errer, toujours plus faible, comme une bête qui meurt.

Ce choix vous appartient. Il vous appartient à vous seuls.

Alors ne vous résignez pas !

Ne vous résignez pas à ces responsables politiques qui depuis trente ans proposent les mêmes idées, les mêmes discours, alors que vous réclamez du sang neuf !

Ne vous résignez pas à cet abandon de notre culture, qui est un abandon de la France !

Ne vous résignez pas !

Ne vous résignez pas à une société qui détourne son regard des plus faibles !

Ne vous résignez pas au déclassement de votre vie, ne vous résignez pas à une nation qui tombe !

Ne laissez personne décider de votre avenir à votre place.

Vous avez le pouvoir.

Prenez-le !

3

Depuis trente ans, nous subissons notre destin au lieu de le prendre en main.

Nous subissons le chômage. Quel aveuglement collectif a pu nous laisser aussi résignés face à ce drame ? Au nom de quel modèle absurde avons-nous pu laisser grossir année après année le flot de ces hommes et de ces femmes, de ces jeunes sans emploi ? Au nom de notre modèle social ? Ni modèle, ni social, le choix collectif que nous avons fait est une capitulation en rase campagne.

Nous avons voulu combattre la précarité des petits boulots par la précarité plus grande encore de ces millions de nos compatriotes à qui on ne propose rien, qui ne trouvent rien, qui essuient refus sur refus, déception sur déception, mais à qui on demande de garder la tête haute.

Comment garder la tête haute quand la société vous dit que vous ne valez plus rien ? Comment garder la tête haute quand, après des années de bons services, on vous licencie sans vous donner la moindre chance de rebondir ? Comment croire en soi, quand à vingt ans on vous dit que vous êtes trop jeune pour tout, pour vous dire à cinquante que vous êtes trop vieux pour le reste ?

La dignité vient du travail. Quand on vous retire votre travail, on vous retire plus que de quoi vivre, on vous retire ce qui vous donne la force de vous lever le matin, de voir vos amis, de vous occuper de vos enfants, de sortir, on vous retire votre sérénité. Un chèque ne compensera jamais ce que vous avez perdu. Pourtant, nous préférons distribuer des chèques plutôt que de créer des emplois, nous continuons de mettre en place des amortisseurs du chômage plutôt que de le combattre.

Nous subissons le déclassement, notre déclassement personnel comme celui de notre nation. Combien ai-je vu de familles qui se serraient la ceinture parce que leurs revenus ne cessaient de diminuer et que les prélèvements de toute sorte augmentaient et augmentent encore : taxes, impôts nationaux, impôts locaux, cotisations, obligatoires ou facultatives, redevances et autres contributions sociales ? Combien ai-je vu de retraités, anciens exploitants agricoles, ou femmes de ces exploitants, gérants de bar-tabac, artisans, petits commerçants, qui touchaient à peine le minimum vieillesse après une vie entière de travail ? Combien ai-je vu de femmes seules, sans aucune qualification, qui partaient le matin faire du nettoyage dans deux ou trois grandes surfaces éloignées de plusieurs kilomètres, souvent avec des horaires décousus, revenaient le soir en voiture chez elles et, tout compte fait, entre la garde des enfants et le coût du déplacement, calculaient qu'elles auraient gagné davantage à rester chez elles en touchant des aides sociales ? Combien ai-je vu de personnes handicapées cherchant désespérément une structure de soins à la fois adaptée et abordable sur le plan financier ?

Le déclassement que nous vivons ou que nous redoutons est le fruit de notre lâcheté collective. Nous avons cru que les aides sociales nous apporteraient le progrès, elles ont démotivé ceux qui les financent et qui ne les touchent pas. Nous avons estimé que nous pouvions ponctionner tant et plus ceux qui travaillent, nous avons tué le travail. Nous avions un champ prospère, nous en avons fait une terre aride. Pendant des siècles, notre nation a bataillé pour la création de richesses nouvelles, désormais nous ne pensons plus que redistribution. Insensiblement, le vocabulaire du socialisme est devenu celui de la droite républicaine, incapable de comprendre que cette vision de la société en ferait sa ruine : aides, allocations, droits sociaux, droits acquis, voici les piliers de cette France qui, en oubliant effort et mérite, a rompu avec elle-même.

4

En vérité, nous nous sommes déclassés dans nos têtes avant de nous déclasser dans nos vies.

Nous nous sommes donné bonne conscience en ouvrant grand les vannes de la dépense publique. Chaque ministre, chaque Premier ministre, chaque Président de la République croit pouvoir conserver encore un peu de son pouvoir ou de son éclat en distribuant les soutiens, les promesses, les subventions, les droits. Folie de la plus grande dépense qui mène la France à la ruine et qui ne trompe plus personne. Nous acceptons la dépense publique comme un mal nécessaire et nous la regardons filer, année après année, comme un fleuve qui grossit et sort de son lit et submerge les rives et les habitations et que plus rien ne retient. Par endroits, une digue tente de contenir le flot :

une allocation en moins, une coupe budgétaire, un emploi supprimé. Elle sautera à la première giboulée, pour des raisons de circonstance.

Il est infini le catalogue des prétextes au maintien de la dépense publique : une crise financière mondiale, une menace sur notre sécurité, un risque de récession, tout nous ramène à penser comme avant et à ne rien changer. Louis XIV entraînait ses courtisans à de folles dépenses pour les maintenir sous sa tutelle. Nous avons gardé cette inclination. Notre dette a explosé. Elle nous met désormais sous la tutelle non plus du monarque absolu, mais des marchés financiers, des investisseurs étrangers, des fonds de pension, des autres États. Nous avons abdiqué notre souveraineté. La moindre variation de taux peut faire exploser le budget de la France et la ravager.

Si encore la dépense publique nous rendait prospères ! En réalité, elle nous appauvrit. Il suffit de voir notre pays. Il suffit de voir le centre de ces bourgs dont les commerces ferment les uns après les autres, les rideaux de fer tirés, les panneaux *À vendre*, les maisons délabrées. Il suffit de voir ces usines qui périclitent. Il suffit de mesurer la détresse de ces exploitants agricoles qui ne tirent plus un revenu correct de leurs semaines de travail. Il suffit de rencontrer ces hommes et ces femmes, ces familles qui vivent de moins en moins bien quand les administrations dépensent de plus en plus.

Nous sommes tous ces ouvriers de Forbach qui, dans le salon de leur maison individuelle, racontent les mines qui ferment, les avantages qui fondent, les retraites qui diminuent, les emplois qui disparaissent. En une génération, un monde a disparu, emportant avec lui sa tranquillité, la possibilité de faire des projets, de rêver un peu. Nous sommes tous ces employés de Toulouse qui ne peuvent plus vivre correctement de leurs salaires et dont certains dorment dans des hôtels de bord de route. Nous sommes tous ces marins-pêcheurs à Étaples, dont les campagnes de pêche, toujours plus courtes, rapportent toujours moins, ces éleveurs du Limousin qui tirent cinq cents euros par mois de leurs quatre semaines pleines de travail, ces contremaîtres en région parisienne qui ont perdu les avantages des heures supplémentaires défiscalisées et qui ragent contre la baisse de leurs revenus. Nous sommes

tous ces enseignantes du primaire à Sarreguemines qui touchent mille six cents euros net par
mois après avoir passé un concours de recrutement difficile. Nous sommes tous ce carrossier
près de Rennes à qui le RSI réclame des sommes
exorbitantes sans aucune justification, cet artisan
du bâtiment, dans le Vaucluse, qui regrette de
ne pas payer ses salariés à leur juste valeur et qui
soupire : « Au bout du compte, ils auront que
des miettes. » Nous sommes tous cette France
qui vit mal de son travail, pour qui tout est trop
cher et qui redoute le lendemain.

Nous sommes tous la France qui subit son
avenir et ne croit plus en celui de ses enfants.
« On vit mal, mais alors, nos enfants ! Nos
enfants, ils ne vivront pas mieux que nous, ils
vivront moins bien. » La ferme surplombe les
collines du Gers roussies par le soleil. Mon hôte
plante son regard droit dans le mien. Il répète,
lentement, pour que je comprenne bien, avec
un mélange de résignation et de colère dans la
voix : « Ils vivront moins bien. » Que de promesses abandonnées on peut entendre dans sa
voix ! Que de sacrifices en vain ! Que de grands
espoirs venus se fracasser contre les défauts

de notre école : le nivellement des élèves, la mauvaise maîtrise des savoirs fondamentaux, les orientations bâclées, la dévalorisation de la voie professionnelle, les cursus dans des filières qui ne mènent nulle part et dont on sort sans diplôme, ou avec un diplôme qui ne vous attire que du mépris !

Il est amer, le bilan de ces décennies passées à tout sacrifier au culte du baccalauréat. Elle est triste, cette société qui ne fait plus réussir. Elles sont scandaleuses, cette dévalorisation du mérite, cette impuissance à donner une chance à celui qui se donne du mal, cette incapacité à garantir la promotion sociale. Nous avons privé les parents modestes du bonheur de voir réussir leurs enfants. Nous avons trahi notre idéal républicain.

5

Oui, nous subissons. Et nous continuerons tant que nous ne voudrons pas regarder la réalité de ce que nous sommes devenus en face. Nous subissons et nous persévérons dans nos erreurs, parce que nous nous sentons prisonniers de forces qui nous dépassent. Nous surestimons les contraintes. Nous nous faisons une montagne de la moindre décision qui permettrait de réellement changer les choses.

Nous subissons une immigration, qui pourrait devenir un atout, si nous la choisissions librement, si nous en définissions publiquement les critères, si nous en faisions respecter les règles minimales, qui sont pour la plupart bafouées. Qui contrôle les règles du regroupement familial une fois que la famille est installée en France ? Qui vérifie que les critères de logement ou de revenus sont remplis ? Quel préfet a encore assez d'autorité pour faire exécuter une obligation de quitter le territoire national ?

Souveraines, les associations qui défendent les droits des immigrés en situation irrégulière ! Souverains, les passeurs de misère et les marchands de sommeil ! Souverains, les procéduriers de tout poil qui cassent les unes après les autres les procédures administratives et judiciaires de reconduite à la frontière ! Et si faible, l'autorité de l'État. Nous avons donné la force à ceux qui contestaient le droit et retiré le droit à ceux qui exercent la force. Aucune police ne peut plus rien contre des vies irrégulières qui sont autant de vies de misère.

Des campements de fortune indignes poussent aux entrées de villes. Des bidonvilles naissent sous les bretelles de nos autoroutes, sous les piles de béton des périphériques. À Calais et maintenant à Grande-Synthe, une jungle charrie son lot quotidien de violences, de vols, de maladies et de mauvais traitements, sous le regard de compagnies de CRS postées là pour contenir un problème qui les dépasse. Elles ne demandent pas des renforts, elles demandent une politique. Elles ne veulent pas de la compassion, elles exigent des décisions, comme tous les habitants de Calais, qui voient leur ville devenir le point de passage de tous les trafics et le point de ralliement des vies les plus désespérées, les plus inquiètes, les plus démunies.

Tout ce que nous subissons en matière migratoire transforme notre nation et la touche dans ses principes les plus essentiels. La France a toujours accordé son asile à ceux dont la vie était menacée par la dictature ou par les guerres. Comment pourra-t-elle continuer à le faire si elle se montre incapable de renvoyer dans leur pays les déboutés de ce droit ? En les maintenant en France, nous pensons être justes, nous sommes faibles. Nous pensons être généreux, nous sommes irresponsables. Nous avons laissé grignoter nos principes à force de renoncement.

Nous voici désormais incapables de tendre les bras à des réfugiés qui ont fui les exactions islamistes en Irak ou en Syrie, parce que nous accueillons sur notre sol des demandeurs d'asile que rien ne menace chez eux, qui abusent de notre laxisme et de la lenteur de nos procédures. Quelle est cette France qui ferme les yeux sur ses faiblesses ? Quelle est cette France qui ne tient plus bon sur ses principes ?

Nous subissons et certains haussent les épaules. Que voulez-vous faire ? Il est trop tard ! De plus en plus d'enfants ne maîtrisent pas la langue française en entrant au collège ? Personne ne peut y remédier. Des usines cherchent des compétences qu'elles ne trouvent pas ? Le secteur industriel n'attire plus. Des femmes intégralement voilées circulent en toute impunité dans des quartiers de nos villes ? On ne va pas toutes les interpeller. Un prédicateur radical s'en prend aux femmes et à notre culture ? Aucune loi ne permet de le condamner. Les territoires ruraux se sentent délaissés ? La faute aux grandes métropoles. Les cambriolages se multiplient dans les zones pavillonnaires ? On ne peut pas protéger tout le monde. Des gens du voyage se font justice par eux-mêmes ? Mieux vaut laisser faire.

Cruelle réalité : nous subissons et nous laissons subir.

Ainsi va la France depuis trente ans, de petites lâchetés en immenses compromis, insatisfaite, bancale et désorientée, qui se demande comment reprendre la main sur son destin. France qui souffre. France qui se sent délaissée par ses élites et qui ne vit plus comme elles. France qui se sent méprisée. France qui se replie, comme la mer se retire et laisse sur les bancs de sable les débris de sa grandeur : vieilles pierres, forêts, landes, champs cultivés, soldats en armes qui combattent pour nous, cérémonies mémorielles, bijoux de luxe et langue.

Pour le reste ?

Chacun pour soi et aucun destin collectif.

Le moment est venu de se relever. Le moment est venu pour chacun de participer au redressement de la France. Pour vous, quelle que soit votre place dans la société. Pour moi, comme responsable politique. Pour nous tous collectivement, comme nation.

Subir ne fait pas un projet pour une nation.

6

Le moment est venu de dire qui porte la responsabilité de cet affaiblissement sans précédent.

Nous tous.

Nous qui avons laissé faire. Nous qui avons cru de bonne foi que nous pouvions attendre encore un peu, que la situation se rétablirait, que les changements radicaux pouvaient encore attendre. Nous qui avons pointé du doigt les autres, sans jamais penser que nous pouvions aussi être responsables de la situation : les dépenses de santé ne dérapent pas toutes seules, les consultations multiples chez les médecins ne sont pas que le fait des étrangers, les médicaments inutilisés ne traînent pas que dans les pharmacies de nos amis, les incivilités de nos enfants pourraient bien venir de notre autorité défaillante, nous condamnons le cumul des mandats, mais nous réélisons notre député-maire, nous réclamons moins de dépenses publiques, mais nous voulons un hôpital de proximité, nous exigeons des reconduites à la frontière, mais nous nous mobilisons contre la décision du préfet qui expulse notre voisin.

Décidément nous sommes un peuple singulier, qui aime discuter de grands principes autant que de sentiments, qui se définit comme un hexagone et se reconnaît dans les ombrages de ses forêts, suit le tracé de son littoral, respire à pleins poumons à la pointe étincelante de ses montagnes, peuple du repli et de la générosité, ouvert sur les océans et attaché à sa terre, qui se regarde dans le miroir de son État et appelle à la liberté, qui se déchire et rêve au fond de soi de fraternité.

Peuple citoyen et peuple individualiste : lequel a marqué le pas ? Au cours des dernières décennies, notre individualisme a amoindri notre conscience de citoyens. Nous avons toléré des reniements intolérables. Nous avons cru que la démocratie pouvait se passer de nous, en tout ou partie, de notre engagement, de notre disponibilité, de nos propositions et de nos idées. Pourtant cette conscience reste si vivace en nous ! Nous ne pouvons vivre heureux en France sans cette part de lien public qui renforce nos liens privés. Elle se traduit dans des gestes minuscules : participer, un matin glacial, aux cérémonies du 11 novembre, répondre à une enquête publique dans sa ville, lancer une pétition en ligne, voter. Elle a donné les plus belles initiatives de ces dernières années : les associations de placement et de formation des chômeurs, les entreprises sociales et solidaires, les ateliers pour les travailleurs handicapés, et ce croisement de stars du show-biz, de générosité médiatique, de hangars à provisions gérés au cordeau et de petites salles en béton décorées de posters défraîchis de Coluche où se pressent les plus pauvres, seuls ou en famille, pour toucher un repas.

Quand, à Courcouronnes, un responsable de centre me parle de ses années à distribuer des boîtes de conserve, des pâtes, des compotes et des fruits donnés par les grandes enseignes, il me dit simplement : « Ici, je suis utile. » Il ne me cache pas que les files sont chaque année plus longues, et que les relations entre les différentes communautés sont de plus en plus tendues, les exigences religieuses plus sévères, voire préoccupantes, mais il répète quand même, en fourrageant dans sa barbe : « Au moins, ici, je suis utile. »

Nous sommes un peuple éclairé, qui ne trouvera jamais dans le seul individualisme sa satisfaction. Nous sommes un peuple éclairé, qui sort brutalement de son apathie aux heures les plus graves de son histoire. Au lendemain des attentats de janvier 2015, certains ont refusé de défiler ou de manifester leur compassion. Dans plusieurs écoles, des enseignants ont dû sanctionner des élèves qui refusaient de participer à la minute de silence. Nous le savons et nous le déplorons. Mais nous avons tous senti aussi que derrière la tristesse et la colère qui nous rongeaient, un vent de fierté nationale soufflait en France. Il y avait des drapeaux aux fenêtres. Nous nous écoutions. Nous éprouvions un besoin de discuter sans fin et nous comprenions pourquoi ce mot si singulier de fraternité se trouvait dans notre devise nationale, le dernier, comme en miroir de la liberté. Les matins qui ont suivi la terreur, nous nous sommes réveillés plus vivants, comme en hommage à nos morts. Nous nous sommes retrouvés plus conscients de la France.

La France se redressera avec ses citoyens, pas contre eux. La France sera grande en leur présence, pas en leur absence. Elle puisera dans leur énergie, dans leur engagement, dans leur créativité la force de prendre sa place dans le monde nouveau. La révolution la plus importante est celle qui fera de chacun de nous le responsable de notre avenir commun.

Assez avec les sauveurs ! Assez avec les hommes providentiels, qui feront tout à notre place et nous déchargeront du poids de nos responsabilités ! À bas les vieilles statues des commandeurs, qui dressent un bras martial au milieu de carrefours déserts ! Place à un monde politique qui donne un rôle à tous les membres de la nation, pas à une minorité ! Place à un monde politique qui se renouvelle, au lieu de se conserver ! La caste politique a trop longtemps échoué pour prétendre à rester identique, sûre de son fait et de ses privilèges.

7

Il est sombre, le bilan de ces trente dernières années politiques.

Mais il est surtout léger.

Les dépositaires de notre souveraineté l'ont dilapidée en endettant la nation. Ils avaient le pouvoir, ils ont renoncé à l'exercer. La gestion des affaires courantes a tout emporté sur son passage, brisant tout grand dessein, réduisant à rien les changements nécessaires, jetant le voile sur la rapidité des transformations du monde. Nous, le peuple de 1789, nous avons assisté en spectateurs à la double révolution de la mondialisation et du numérique. Nous avons cru nous protéger contre le siècle nouveau : notre histoire aurait dû nous apprendre que les révolutions se font ou qu'elles se subissent.

Faute de méthode et faute de courage, nos dirigeants politiques ont reculé devant les choix que les transformations du monde imposaient à la France, nous laissant à la traîne des autres grandes nations. Pour dissimuler leurs erreurs, ils ont menti. Ils avaient annoncé pour les uns des lendemains qui chantent, pour les autres une Europe à notre image, la rupture immédiate ou le changement maintenant, tous la baisse du chômage ou l'inversion de sa courbe. Nous avons eu des lendemains plus difficiles, une Europe allemande, le chômage qui augmente et la continuité de cette politique technocratique sans âme ni vision qui ne porte rien et donne moins encore.

Combien de fois, dans le salon vert du premier étage de la présidence de la République, ai-je pu entendre ces remarques, par des chefs que pourtant tout opposait – caractère, langage, humeur et conception de la nation : « La France est une nation fragile, elle aime couper les têtes. Il ne faut pas aller trop loin. Il faut doser. » À force de doser, nous nous sommes endormis. À force de fatalisme, nous avons manqué notre destin. Nous avons évité certainement la révolution, mais nous avons nourri les révoltes.

Des Bonnets rouges bretons aux éleveurs, des artisans excédés par les charges aux infirmières surchargées de travail, des incendies couvent partout. Tous ceux qui pensaient rassurer les Français par leur prudence ont nourri une inquiétude dans les couches les plus profondes de notre société. Cette inquiétude grossit, comme une poche de gaz souterraine prête à exploser à la moindre étincelle. Elle se traduit dans les urnes, qui débordent de bulletins FN, dans les villes comme dans les campagnes. Car au fond rien ne saurait davantage nous inquiéter que cette indécision. Nous qui aimions nos dirigeants politiques, désormais nous les rejetons en bloc. Nous les suivions, nous nous en défions. Nous les respections, nous les méprisons.

Tous pareils. Tous complices. Tous incapables de changer réellement les choses. Tous inefficaces et pourtant hautains. Leurs promesses sont des promesses de vingt-quatre heures, leur oui vaut un non, leur détermination fluctue au gré des courants adverses. Ils ne rendent pas de comptes. Ils parlent entre eux et pour eux de sujets qui les concernent. Leur défaite devrait les condamner au retrait de la vie publique : elle leur sert de prétexte au rebond. Leurs mensonges devraient les disqualifier : ils sont le baromètre de leur subtilité. Au référendum européen de 2005, ils font voter le peuple pour finalement ne pas respecter son vote et le contourner en 2007 par le traité de Lisbonne : choix dangereux, qui a aussi été le mien et que je regrette. Un peu de lucidité aurait dû tous nous amener à changer le cours de la construction européenne, plutôt que de rester sourds aux incompréhensions de notre nation.

En 1940, une incapacité de décision des chefs militaires a entraîné notre défaite. Depuis le début des années quatre-vingt, une incapacité de décision des chefs politiques a conduit à notre effacement.

Était-il inéluctable ? Non.

Une autre politique était-elle possible ? Oui.

Deux présidents de la République de droite et deux de gauche ne sont évidemment pas restés à se tourner les pouces trente-cinq ans durant à la tête de la nation. Au moins pour les deux présidents de droite, je peux témoigner de leur engagement total dans leurs fonctions. Ils avaient une certaine idée de leur charge. Pourtant, le chômage est à son plus haut, la dette explose, notre nation est plus divisée que jamais, notre culture a perdu de sa superbe, notre influence dans le monde a régressé, notre parole ne porte plus en Europe. Alors quoi ? Quel venin a pu rendre aussi nocives les politiques publiques ? Comment le chef d'État qui dispose des pouvoirs les plus étendus de toutes les démocraties occidentales, le Président de la République française, est-il devenu un monarque impuissant ? Il a manqué quelque chose aux décisions politiques pour stopper notre affaiblissement et améliorer la situation de chacun.

En France, il a manqué à la politique depuis trente ans ce qui en fait son essence : le courage et la vision.

8

Au mieux, on nous a vendu des illusions, au pire, des mensonges.

Illusion du socialisme en 1981, qui a fait croire à des jours heureux avec moins de travail, moins de contraintes et moins de richesses. Un échec cinglant ? Pourtant, en 2012, un candidat à la présidentielle reprend à la virgule près les mêmes promesses, entonne sans hésiter le refrain des pauvres contre les riches, de la domination des puissants et de la finance ennemie, sans en croire un seul mot. Le costume de son prédécesseur socialiste, quoique taillé un peu large, lui va comme un gant : habileté, rouerie, lutte à mort pour la conservation de son pouvoir, la culture en moins. Aucune autre grande nation ne vit autant dans la nostalgie, surtout dans la nostalgie de ses échecs. Aucun peuple ne peut vivre debout sans porter une ambition nouvelle.

Le socialisme finissant, qui ne veut avouer ni sa conversion aux lois du marché, ni son alignement diplomatique américain, ni le reniement de ses valeurs morales, vit son agonie sur les décombres de la France. À sa tête, un homme de parti, parvenu au sommet par son infinie habileté, sa ténacité et le hasard des circonstances. François Hollande promet tout et ne tient rien. Il vitupère et recule devant la décision. Il fait de la courbe du chômage le fil rouge de son mandat, elle sera la signature de son échec. Homme de chiffres et de statistiques, qui se rassure dans la technique et se méfie de la culture, il ne porte rien qui puisse rassurer et entraîner ceux dont il a la charge. Les événements lui ont fait endosser les habits de chef de guerre, ils ne révèlent pas le caractère du chef tout court. Les armées lui donnent la martialité qui lui faisait défaut, pas la vision pour la nation, pas le courage, pas la force. Il annonce en grande pompe devant le Congrès réuni à Versailles la déchéance de la nationalité puis laisse sa ministre de la Justice le dédire cinq semaines plus tard. Il se veut exemplaire et laisse son ministre de la Défense cumuler les fonctions et renier ses promesses de campagne. Calcul ? Incompétence ? On ne sait plus.

Illusion aussi de la toute-puissance publique, qui amène le pouvoir politique à penser que sa seule énergie suffira à donner un élan à la France. Un activisme forcené ne fait pas une méthode. Une agitation perpétuelle peut séduire et tromper les médias, mais pas nous, qui attendons des résultats. Les résultats ? Ils viendront. Rendre des comptes ? Et pourquoi donc ? Pire que le manque de décision, la multiplication des décisions dans tous les sens donne le tournis, retire aux fonctionnaires le sens de leur mission, décourage les investisseurs, interdit à chacun de voir clair dans la conduite des affaires de la nation.

À chaque jour, une nouvelle décision. À chaque jour, une nouvelle loi, un nouveau décret, une nouvelle circulaire, une annonce, une déclaration. La politique parle de tout et ne décide plus de rien. Elle navigue en apesanteur, légère et inconsistante, tandis que partout dans le pays on continue de travailler pour vivre. Impossible de savoir où nous allons, quand le pouvoir politique emprunte en même temps dix chemins qui ne mènent nulle part. Confusion des choix, confusion des valeurs, confusion des idées. Plus rien ne cimente un projet national, quand le pouvoir politique à la fois récompense le travail et crée de nouvelles aides sociales pour ceux qui ne travaillent pas, prône le soutien aux agriculteurs et leur impose de nouvelles normes, se dit de droite et recrute à gauche.

Comment des entrepreneurs pourraient-ils embaucher quand, en 2005, on leur propose un nouveau contrat de travail plus souple, qui leur sera retiré par une majorité de la même couleur en 2007 ? Comment des PME, des artisans ou des indépendants pourraient-ils avoir encore confiance dans une majorité qui leur promet, en campagne, une simplification des règles et qui, une fois au pouvoir, allonge de plusieurs dizaines de pages le code du travail ? Comment des investisseurs pourraient-ils avoir encore confiance dans la France, quand les règles fiscales changent tous les six mois ? Comment des enseignants du primaire pourraient-ils savoir ce que la nation attend de leur travail, quand de nouvelles circulaires pleuvent toutes les semaines dans leurs écoles ? « Je vous demande une seule chose, me dit cette enseignante devant sa classe de CP à Évreux : ne touchez plus à rien, arrêtez de nous sortir de nouveaux textes, laissez-nous travailler ! » Elle insiste, avec un large sourire qui illumine son visage de trente ans à peine : « Laissez-nous travailler ! »

Illusion de la bonne volonté politique, qui croit encore pouvoir faire le bonheur des gens à leur place. Illusion de la force politique, qui se heurte à la résistance des administrations ou tout simplement de la réalité. Combien de décisions politiques contestées par des agences indépendantes ? Combien de décrets jamais publiés ? Combien de textes qui restent lettre morte, parce que les ministres passent, mais que les administrations restent ? Une loi ne change rien, son application en revanche peut changer tout : mais qui se soucie de son application ?

Mensonge de la construction européenne enfin, qui devait garantir notre protection et notre prospérité, mais que nous avons laissé dériver vers un libéralisme dogmatique. En Europe, nous avons perdu la bataille idéologique. François Mitterrand pouvait encore prétendre que le projet européen serait la France en grand :

il nous faisait plaisir, flattait notre orgueil national. Depuis 2005, chacun a compris que le projet européen aurait plusieurs visages différents, qui effaceraient petit à petit celui de Marianne.

Nous réclamions un approfondissement, nous avons eu un élargissement à marche forcée, une augmentation du nombre de membres, la poursuite des négociations avec la Turquie en vue de son adhésion. Nous voulions mettre en place un gouvernement de la zone euro, nous avons eu la monnaie unique sans gouvernement ni harmonisation fiscale, nous avons intégré la Grèce, sans nous demander si elle remplissait les conditions nécessaires. Nous voulions une défense européenne, notre armée combat seule, ou presque, contre la menace islamiste. Nous voulions une culture européenne, nous pensions affirmer la fierté de ce que nous sommes comme continent et comme histoire, nous avons eu le multiculturalisme. Le roi est nu. Le projet européen est entré en décadence, faute de vision pour le relever. Qui le reconnaît ?

9

Cela suffit.

La confiscation du pouvoir politique par une caste qui refuse de changer, cela suffit.

Le mauvais gouvernement de la France, cela suffit.

Le retour de ceux qui ont échoué hier et qui prétendent réussir demain, cela suffit.

Les pratiques politiques que plus aucune démocratie ne tolère, qui font des élus des individus à part et de la politique un monde clos, cela suffit.

Le corps politique ne se renouvelle plus. Notre démocratie se meurt. Devrons-nous attendre que le Front national casse le plafond de verre et que ses éclats retombent sur nous et nous blessent pour que le pouvoir politique change ses pratiques en France ?

Alors il est temps.

Il est temps de mettre fin au débat sur le cumul des mandats. Ses partisans farouches, qui plaident pour une implantation locale en plus de la représentation nationale, oublient que le suffrage universel direct oblige les députés à garder un lien avec leur circonscription. Ils ne veulent pas entendre la nécessité absolue de revaloriser le rôle des parlementaires dans la fabrique de la loi et le contrôle du gouvernement. Le cumul des mandats a été supprimé, ne faisons pas ce cadeau à nos adversaires de le rétablir.

Il est temps que les hauts fonctionnaires qui font de la politique démissionnent de la fonction publique : les protections dont ils bénéficient leur donnent des avantages disproportionnés et leur permettent de mener une carrière politique en toute sécurité. Résultat, une seule intelligence gouverne la France, elle est technocratique, elle ne comprend pas les enjeux contemporains et elle échoue.

Nous avons cinq cent soixante-dix-sept députés ? Il en faut un pour cent cinquante mille personnes, soit quatre cents. Trois cent quarante-trois sénateurs ? Il en faut deux par département. Nous devons aussi réduire le nombre des élus locaux : comment comprendre qu'en passant de vingt-deux régions à treize, nous gardions le même nombre de conseillers régionaux ? En revanche, maintenant que le choix de ces treize régions a été fait, hélas sans aucune consultation des habitants et sans concertation politique, ne revenons pas dessus : ce serait encore du temps perdu au détriment de décisions plus essentielles.

Il est temps que les mandats nationaux soient limités dans le temps : trois mandats successifs au maximum, pour laisser ensuite la place à de nouveaux élus.

Il est temps que tout élu condamné pénalement devienne inéligible et se voie déchu de ses mandats.

Il est temps que les institutions coûteuses et dépassées, comme le Conseil économique, social et environnemental, soient supprimées.

Nous voulons que la politique ne soit plus un métier à vie, mais un engagement limité dans le temps au service des autres et de la nation. Nous voulons une démocratie qui fonctionne sur des bases saines. Nous voulons une démocratie qui maintienne un lien entre le peuple et ses représentants, pour la seule raison que chacun sait pouvoir devenir le représentant du peuple.

« Vous êtes pas comme nous, vous ! » Vous vivez ailleurs ! » Il est manutentionnaire. Il doit avoir vingt ans au plus. Il travaille à Vesoul, chez Peugeot, dans cette usine immense qui livre des pièces détachées partout en France et en Europe. Il rigole de son audace : « Vous vivez ailleurs ! » Trois autres manutentionnaires ont fait cercle autour de lui, ils ont à peu près le même âge. Il fait sombre dans le bâtiment de plusieurs centaines de mètres de long. Pas un ne comprend ce que font les responsables politiques. Pas un ne leur trouve des circonstances atténuantes : ils ont échoué et ils se comportent mal. On leur pardonnerait un peu plus si seulement ils se comportaient un peu mieux.

Ce renouvellement de la démocratie française, le peuple doit le trancher par référendum dès 2017.

2017 doit marquer le grand tournant dans les pratiques politiques de notre nation.

10

Seulement il ne suffit plus de dire ce que nous allons faire. Quand, et comment, voilà les vraies questions.

Ma méthode est simple : aller vite, aller loin, aller fort.

Mon calendrier est clair : commencer par un référendum sur le renouveau démocratique, poursuivre dans les trois mois par des ordonnances pour lever les blocages économiques fondamentaux, responsabiliser les ministres, demander des comptes aux administrations, inscrire sur cinq ans la réduction des dépenses publiques.

Mes principes sont constants : dire avant ce que nous ferons après, ne rien promettre que nous ne puissions pas tenir. Rendre des comptes régulièrement. Garantir la transparence.

« Si j'ai un conseil à te donner, prépare bien ton projet d'allocation sociale unique ! Ne néglige pas les problèmes informatiques et de contrôle des fichiers. Nous avons mis cinq ans à mettre en place notre réforme sur le sujet. » George Osborne croise les jambes dans son canapé en velours rouge. Il se passe la main dans les cheveux, esquisse une moue, jette un regard à son assistante assise à côté de lui. Glacial et blême, un rai de soleil traverse les baies vitrées de son bureau attenant à celui du Premier ministre : « Les idées politiques, elles sont indispensables pour gagner. Seulement, ensuite, il faut les mettre en œuvre. Le vrai problème est là. Je vais te dire pourquoi nous allons gagner les prochaines élections : parce que nous avons fait ce que nous avons dit. » Il ajoute dans un sourire : « C'est la seule raison et elle est suffisante. » George Osborne est ministre des Finances britannique. Il a à peine quarante ans. Nous sommes en décembre 2014, et dans six mois, déjouant tous les pronostics, le gouvernement de David Cameron sera triomphalement reconduit.

La politique doit retrouver sa dignité, et elle ne retrouvera pas sa dignité sans un profond renouvellement de son recrutement et de ses méthodes. Elle doit aussi gagner en efficacité, et elle ne gagnera pas en efficacité sans reprendre la main sur son administration. En France, nous cumulons les défauts : le politique est entre les mains de son administration et son administration est bridée par des règles centralisées, qui tuent toute initiative.

Une feuille de mission par direction centrale, des objectifs à atteindre tous les trimestres pour chaque directeur, sous peine de perdre sa place, un travail en direct entre les ministres et leur administration, sans le filtre des cabinets réduits au minimum, ce sont les chemins à emprunter pour que le politique reprenne la maîtrise de son action. La valorisation des initiatives, la liberté laissée aux établissements publics, aux écoles, aux collèges, dans leur organisation et dans leur fonctionnement, ce sont les clés de la responsabilité. Le principe de ce double mouvement est simple : que chacun fasse son travail, que personne ne pense détenir à lui seul la vérité universelle, que le politique puisse rendre des comptes réguliers et précis à ses électeurs.

En un an, le chef du service des urgences de l'hôpital Bichat, à Paris, a réussi à ramener les délais d'attente de plusieurs heures à quelques minutes. Comment ? En confiant aux infirmières le diagnostic vital des patients, en supprimant les bureaux des médecins, en mobilisant tous ses agents, en mettant en place un tableau de bord informatisé accessible à tous. En un an, un principal de collège dans la région de Montpellier a réussi à faire de son établissement l'un des plus attractifs du département. Comment ? En définissant son propre projet scolaire de collège de la viticulture, en recrutant les enseignants sur la base du volontariat, en croisant les matières, de la taille viticole à la commercialisation du vin en passant par la biochimie. La France regorge de ces exemples qui sont autant de modèles pour le gouvernement de demain : un gouvernement qui fait confiance, qui contrôle mais qui ne force pas, qui parie sur la responsabilité de chacun davantage que sur les obligations pour tous, qui se rapproche des initiatives locales et abandonne

la fiction des grands plans nationaux, inefficaces et coûteux.

Le scrutin présidentiel doit sonner le rappel
de tous ceux qui sont prêts à se retrousser les
manches pour que notre nation se relève. Politiques, fonctionnaires, représentants syndicaux,
tous doivent participer de ce mouvement qui
redonnera aux Français le contrôle de ce pouvoir qui leur a été confisqué. Quand, par référendum, les salariés d'une entreprise décident
de passer de trente-cinq à trente-neuf heures
pour sauver leurs emplois, personne ne devrait
avoir le droit de contester ce résultat. Quand
des salariés votent pour travailler le dimanche,
personne ne devrait bloquer ce choix.

Syndicalisme ne doit plus rimer avec défense
des avantages acquis. Syndicalisme doit rimer
avec responsabilité, protection des droits
essentiels des salariés, valorisation du travail.
Pourquoi le premier tour des élections professionnelles serait-il de fait réservé aux seuls syndicats dits représentatifs ? Chaque salarié doit
pouvoir librement se porter candidat au nom
de ses collègues. Pourquoi un délégué syndical
pourrait-il enchaîner les mandats sans limitation

dans le temps ? Pourquoi consacrerait-il la majorité de son temps à son mandat, et non à son emploi dans son entreprise ou dans son administration ? Quelle déformation nous a conduits à confondre parfois protection du représentant syndical et irresponsabilité ?

Les entreprises et les pouvoirs publics ont besoin d'interlocuteurs crédibles, les salariés de représentants solides. Partout en France, des représentants du personnel consacrent de leur temps, de leur énergie, pour améliorer la vie quotidienne de leurs collègues, avec pragmatisme et dévouement. Pourquoi seraient-ils victimes de l'idéologie et du conservatisme du vieux système syndical français, qui a à peine évolué depuis 1946 ? Il n'y a pas de dialogue possible sans syndicats légitimes, mais il ne peut y avoir de syndicats légitimes sans changement profond dans leur fonctionnement et dans les élections syndicales. Le renouveau démocratique concerne la classe politique au premier chef, il concerne aussi les syndicats.

Ce que nous réclamons tous, ce ne sont pas des révolutions sanglantes. Nous les avons connues, nous savons à quels débordements elles conduisent, à quelles injustices. Camille Tubiana, élue à Évreux, qui me conseille depuis des années, me dit souvent : « La brutalité ne sert à rien, on peut faire beaucoup avec un peu de douceur. »

Nous réclamons un pouvoir politique digne.

Nous réclamons des syndicats responsables.

Nous réclamons le retour de cet intérêt général qui a disparu sous les intérêts particuliers. Nous réclamons plus de liberté pour chacun et la reconnaissance des initiatives qui marchent. Nous voulons une France qui brise les fers de la bureaucratie. Nous exigeons une France dont les élus, représentants du peuple, garants de notre souveraineté, tiennent parole.

11

Le premier projet politique à construire est donc celui de la reconnaissance de chacun : tous, nous sommes utiles à la nation. Nous sommes la France, nous sommes son énergie, son talent, sa culture, son intelligence, sa volonté et ses rêves. Chaque Français est nécessaire.

Parfois je me demande pourquoi je fais de la politique. Quel est le sens de cet engagement, qui réclame tant de sacrifices ?

La réponse est toujours la même : pour que chacun en France puisse trouver sa place.

Pour que cette jeune fille qui prépare le Capes à Lille puisse enseigner demain dans un établissement qui corresponde à ses projets. Pour que ces élèves handicapés mentaux de Reims puissent avoir comme enseignants des personnels formés, pas cette jeune femme de tout juste quarante ans mutée là au hasard des affectations, qui fait au mieux. « Une formation particulière pour accompagner ces enfants ? Non, je n'ai pas eu de formation particulière. Je gère comme je peux. Ils sont formidables, ces enfants, mais est-ce que je suis à la hauteur ? Je ne crois pas. » Pour que Alexandre, maire de Gisors, élu à vingt-sept ans sur une liste de droite et du centre après des décennies de domination communiste, puisse poursuivre son ascension politique. Pour que Pierre, dix-huit ans, du lycée professionnel Simon-Lazard de Sarreguemines, trouve un restaurant où faire la preuve de ses compétences.

Pour que Simon, vingt ans, qui souffre de troubles schizophréniques aggravés par la mort de son grand-père, ne rechute pas dans la drogue et continue de faire le service dans un café du treizième arrondissement de Paris, tenu par une association. Il a un regard bleu délavé qui vacille légèrement. Sa voix tremble aussi un peu et la pulpe de ses doigts est jaunie par la cigarette. Des poils noirs épars poussent sur ses joues pâles, comme de petites touffes d'herbes sèches. Il parle doucement : « À la mort de mon grand-père, j'ai commencé avec la beuh et puis le shit, je pouvais plus m'arrêter, tous les jours. Après on m'a diagnostiqué schizophrène et on m'a donné des médicaments. Je les ai pris, j'ai arrêté, je pensais que c'était fini la schizophrénie mais c'était pas fini. On n'en finit jamais avec la maladie, en fait, vous savez ? » Il a une hésitation. « La drogue, par contre, c'est fini. Je touche plus à la drogue. Ici, je suis bien, j'ai une place. »

Je fais de la politique pour que ces jeunes agriculteurs, qui m'interpellent brutalement dans les allées du Salon de l'élevage à Cournon, puissent reprendre une exploitation dans des conditions décentes et gagner davantage que les six cents euros par mois qu'en tirent leurs parents. Pour que ce jeune informaticien de Vanves puisse créer son entreprise sans difficulté et réussir à la hauteur de son énergie. Pour que ces jeunes femmes qui vendent leurs bijoux par internet puissent développer leur projet. Pour que Hassen, ancien policier municipal à Évreux, né à Alger, soit certain que son fils de dix ans réussisse en France. Au lendemain des attentats contre *Charlie Hebdo*, il avait diffusé sur Facebook un message qui se terminait par ces mots : « Ce matin, je vis encore davantage pour les valeurs de ma patrie. Je veux les défendre. Dans ces valeurs nous nous retrouverons tous unis, nous qui avons notre cœur en France et nos origines en Algérie. »

Je fais de la politique pour que la France reconnaisse le talent exceptionnel de ses nouvelles générations plutôt que de leur imposer un modèle unique et le nivellement par le bas. Pour que la France les tire vers le haut. Pour qu'elle leur apprenne le dépassement de soi. Pour qu'elle arrête de leur dire : « Passe ton bac ! » mais leur souffle : « Change le monde ! » Je fais de la politique non pas pour imposer des choix aux jeunes, mais pour les laisser libres de devenir ce qu'ils sont. Je fais de la politique pour qu'ils puissent imaginer sereinement leur avenir, pour qu'ils osent, pour qu'ils échouent, tombent et se relèvent, pour qu'ils vivent leur sexualité sans remords, pour qu'aucun d'entre eux ne sombre dans la solitude et la dépression, comme mon ami de classe Guillaume, mis à la rue par ses parents : « Tu es homosexuel, tu n'as plus ta place chez nous, va te faire soigner et reviens quand tu seras guéri. »

Je fais de la politique pour ceux à qui la France ne donne ni leur chance ni leur place.

Les chômeurs à qui on refuse une formation. Les salariés licenciés à cinquante ans. Les exclus. Ce charcutier de cinquante ans installé dans une commune rurale et obligé de fermer boutique. Les femmes seules qui se battent pour travailler et ne savent pas comment faire garder leurs enfants. Ce cariste qui ne parvient plus à joindre les deux bouts. Cet ingénieur informaticien dont les compétences sont dépassées mais qui ne peut pas en acquérir de nouvelles. Cette femme cassée par des accidents personnels, dans un centre d'insertion du Pas-de-Calais, qui fait dix kilomètres à pied chaque jour pour toucher neuf cents euros par mois et ne renoncerait pour rien au monde à son activité. Ce père de famille au chômage depuis deux ans, qui ne trouve plus goût à rien, qui voit sa femme se détourner de lui et lui reprocher son inactivité, ses enfants hausser les épaules le matin et partir sans dire au revoir : « Le plus dur, ce sont les enfants. Ils ne disent rien mais ils me regardent et je vois ce que je deviens dans leur regard : pas grand-chose. Ils ne me reconnaissent plus. »

Je fais de la politique pour que le travail soit enfin considéré en France comme une réalisation de soi, pas comme un asservissement.

Une liberté, pas une prison.

12

Le travail : il est la première condition du redressement de la France, il est la première condition du redressement de soi pour des millions de nos compatriotes.

Ce combat est un combat de société. Il ne se résume pas à ce train de mesures techniques qui ont été prises depuis trente ans, gauche et droite confondues, souvent les mêmes, souvent à moitié, pour ne donner que des résultats médiocres, ou aucun résultat du tout. Baisses de charges, avantages fiscaux, aides à la formation, apprentissage, tout cela est bel et bon, mais rien de tout cela ne suffit à donner une place à chacun. Nous gardons au fond de nous comme une mauvaise conscience par rapport au travail. Nous le valorisons, tout en le redoutant. Nous louons les patrons qui embauchent, mais nous voulons en protéger les salariés. Nous nous méfions de tout ce qui pourrait rogner nos loisirs. Nous préférons donner un chèque à un chômeur plutôt que de lui donner une formation, un accompagnement, une nouvelle qualification qui lui permettra de retrouver le plus rapidement possible une place dans une entreprise.

Nous savons que les emplois aidés marchent mal, pourtant nous continuons à en créer par dizaine de milliers, quelle que soit la couleur de la majorité, empêtrés que nous sommes dans cette illusion que les pouvoirs publics peuvent encore créer des emplois. Nous voulons soutenir les entrepreneurs, mais nous les taxons sans limites. Nous parlons de simplification, mais nous acceptons la feuille de paie la plus illisible et la plus complexe des grandes nations. Dès que le moindre assouplissement du contrat de travail est en vue, il est cloué au pilori, et les conservateurs de tout poil font un tir de barrage en agitant le spectre de la précarisation des salariés.

Quand comprendrons-nous que le chômage est la seule et vraie précarité ? Quand sortirons-nous de cette vieille rhétorique des dominants et des dominés ? Quand écouterons-nous la voix de tous ceux qui envoient des CV par centaines et ne trouvent en retour que mépris, indifférence, silence poli ou silence tout court ? Quand mesurerons-nous la rage de ces jeunes que je croise sous la halle de la Villette, naviguant de stand en stand pour déposer un CV, et qui me disent, à moitié désabusés : « On demande pas grand-chose, nous, on demande juste de faire nos preuves. Vous nous donnez une place, on montre ce qu'on sait faire. C'est tout. Rien de plus. » Rien de plus et pourtant rien de significatif ne bouge. On hésite. On pèse le pour et le contre. On fait de grandes conférences sociales et chacun rentre chez soi, avec sa bonne conscience en bandoulière.

Depuis trente ans, cette hésitation perpétuelle entretient le chômage à un niveau élevé et fait notre malheur collectif. Le chômage ronge le tissu social. Il crée une inquiétude palpable dans toutes les familles et chez tous les individus. Il nous appauvrit. Il nourrit le ressentiment à tous les niveaux de la nation. Il nous divise.

Posez la question à des ouvriers, à des employés, à des fonctionnaires de catégorie C, demandez-leur ce qui ne va pas en France : tous vous parleront du chômage, tous vous parleront aussi de la dévalorisation du travail. Plus brutalement, ils vous diront : « Mon voisin ne travaille pas et il s'en sort mieux que moi. Il ne paye pas son transport, il ne paye pas la garde de ses enfants, il touche des aides sociales que je ne touche pas. » Dans une usine de vérins hydrauliques en Haute-Saône, un jeune ouvrier lâche : « Le social, ça suffit. On en a assez du social. Qui paye le social ? C'est nous ! » Il est applaudi spontanément par ses collègues. Dans une ferme du Vexin, un producteur de lait : « Il y a que nous qui travaillons ou quoi ? » Dans un hôpital, une infirmière : « On les fait, nous, les trente-cinq heures, parfois trente-neuf, parfois quarante, on compte pas, mais les autres ? »

Du patron de PME qui ne peut pas embaucher à cause des charges aux artisans du bâtiment, du jeune entrepreneur au vieux couvreur, partout le discours est le même, une longue plainte contre ce choix collectif que plus personne ne veut assumer et avec lequel les responsables politiques refusent pourtant de rompre : la dégradation du travail, qui ne rapporte plus, la multiplication des aides sociales, qui nous appauvrissent.

Nicolas Sarkozy avait eu cette intuition en 2007 en proposant de travailler plus pour gagner plus. Mais quelle traduction concrète de cette intuition ? À Marseille, sur la route de la Corniche, à hauteur du Cercle des nageurs, une jeune femme m'arrête dans mon footing et me demande : « Alors, vous allez le faire cette fois ? – Faire quoi ? – Faire le boulot, monsieur ! Parce que vous l'avez pas fait, le boulot ! Les trente-cinq heures, elles sont toujours là ! Nicolas, il avait promis plein de choses et on n'a rien vu, hein ? » Elle me tourne le dos et repart, son sac à la main. Une rafale de vent soulève ses cheveux roux. Nos électeurs n'ont rien vu de ce qu'ils attendaient, parce que nous avons reculé devant les choix difficiles, dilué les décisions essentielles dans les décisions accessoires, perdu le sens de notre action.

Travailler plus pour gagner plus : désormais, le défi est que chacun travaille tout court, seul moyen pour la France de retrouver le chemin de la richesse. Chacun doit pouvoir vivre dignement de son activité, quelle que soit cette activité. Dans une table ronde qui suit la visite d'une usine pharmaceutique à Évreux, le délégué syndical de la CGT prend la parole : « Oui, ça va mal. Ici comme ailleurs. Pour que ça aille mieux, il faut que tout le monde travaille, voilà tout. Il n'y a pas d'autre solution. » Ce que dit un délégué de la CGT, la droite et le centre n'auraient pas le courage de le mettre en œuvre ?

Il ne faut plus hésiter. Le travail doit être la colonne vertébrale de tout projet politique et de tout projet de société pour la France.

13

Travailler tous : fixons-nous ce cap clair, pour une société juste. Surtout, prenons dès les premiers mois de 2017 les décisions nécessaires pour que ce cap soit tenu.

Sortons du dogme des trente-cinq heures qui a tué la liberté de travailler en France. Laissons le dialogue dans les entreprises décider de la durée du travail et du seuil de déclenchement des heures supplémentaires. Adoptons un code du travail raccourci et lisible, qui garantira aux salariés les protections fondamentales, sans affaiblir la capacité de nos entrepreneurs à innover et à créer des emplois. Créer du travail en France doit être plus facile, plus rapide et moins risqué pour les entrepreneurs.

À force de taxes, de prélèvements en tous genres, le travail ne permet plus à chacun de vivre dignement de son activité. Comment accepter plus longtemps cette dérive ? Le travail doit payer. Simplifions intéressement et participation, pour que les salariés puissent toucher les bénéfices directs de leur engagement. Réduisons encore les charges sociales, en revenant sur la cotisation obligatoire à une mutuelle et en laissant le libre choix de sa mutuelle à chacun : pourquoi imposerions-nous aux salariés comme aux entreprises de cotiser à des organismes qui ne font aucun effort pour réduire leurs frais de gestion et de fonctionnement ? Je trouve révoltant que dans une grande nation démocratique comme la France, en 2016, une majorité de gauche impose aux salariés de cotiser pour des mutuelles qui entretiennent depuis des décennies des liens étroits avec le pouvoir socialiste.

Réduisons également les impôts et les prélèvements qui pèsent sur le revenu des salariés : ils sont devenus insupportables pour tous. Insupportables pour les salariés modestes, dont le salaire brut est amputé chaque mois pour donner au final un salaire net insuffisant. Insupportables pour les classes moyennes, qui depuis des années perdent sur tous les tableaux : salaires qui stagnent, impôts qui augmentent, tarifs les plus élevés pour la cantine, les crèches ou les différents services publics. Insupportables pour les familles, dont on rogne le quotient familial et dont on sabre les allocations. Insupportables pour les plus aisés, qui partent de France.

Nous devons imaginer un autre équilibre fiscal, dans lequel chaque individu accepterait davantage de responsabilité personnelle pour se protéger contre les aléas de la vie, mais conserverait en retour une part plus importante des revenus de son travail. Sur la durée du prochain quinquennat, une baisse globale de la pression fiscale sur les ménages est une question de justice. Seulement nous le savons : François Hollande nous laissera des caisses vides. Par conséquent, la baisse de la dépense publique devra précéder la baisse des impôts. Sans quoi nous mettrions en péril notre souveraineté nationale.

Valorisons le risque et la transmission plutôt que la rente et le confort. Mieux vaut augmenter les droits de succession et supprimer tout prélèvement sur les donations à ses enfants ou petits-enfants pour les classes moyennes et modestes : cela incitera chacun à transmettre son patrimoine le plus tôt possible aux nouvelles générations. Droits de succession élevés, prélèvements nuls sur les donations, voilà des directions simples pour aider les plus jeunes et rendre notre fiscalité plus juste.

Assumons enfin que personne en France ne puisse vivre aussi bien avec des aides sociales que de son travail. Plafonnons le montant total de ces aides à 75 % du Smic pour une personne seule. Pareille décision exige un effort considérable de mise en cohérence des fichiers informatiques. Mais le jeu en vaut la chandelle : une nation ne peut pas se redresser si un seul de ses membres qui ne travaille pas peut vivre mieux que tous les autres qui travaillent. Pour remédier à cette situation, nous avions créé le RSA, mais le RSA est un échec : il réinsère peu, beaucoup de bénéficiaires potentiels ne le touchent pas, sans compter les fraudes. Il devient donc urgent de passer à un autre dispositif, avec un guichet unique qui délivre et contrôle les prestations. De trois responsables, État, départements et caisses d'allocations familiales, nous passerions à un seul. L'efficacité de la réinsertion s'en trouverait accrue, celle du contrôle aussi.

Définissons des règles nouvelles pour les chômeurs : vous êtes au chômage, vous devez en sortir le plus rapidement possible. Actuellement, chaque jour qui passe est un jour qui vous éloigne davantage du retour à une activité. Demain, chaque jour qui passe doit vous rapprocher de votre nouvel emploi. Une indemnisation longue est un piège. Une indemnisation plus courte est une incitation à reprendre au plus vite une activité. Mettons-la en place. Mais en retour, faisons en sorte de mieux accompagner tous ceux qui ont perdu leur poste. Pôle emploi est dépassé. Quel que soit le dévouement de ses agents, qui est réel, ils ne sont pas outillés pour faire un bilan de compétences précis des demandeurs, pour leur trouver la formation adéquate, pour prendre en compte les difficultés personnelles liées au logement, à la situation des enfants ou du conjoint. Privatisons donc Pôle emploi : le versement des allocations restera de la responsabilité publique, mais le placement des demandeurs sur le marché du travail sera confié à des opérateurs privés. Ils pourront utiliser sous contrôle de la puissance publique les données dont Pôle emploi ne sait pas faire usage aujourd'hui.

Tout a été essayé contre le chômage ? Non. Rien de neuf. En matière de lutte contre le chômage, les élites ont renoncé, les élites ont trahi.

Nous nous sommes enfermés dans le traitement social du chômage. Passons à un traitement économique et personnalisé, qui utilise les outils les plus efficaces de la révolution numérique. Nous avons trop tergiversé. Nous avons voulu une chose et son contraire. Résultat : nous tournons en rond. Allons au bout de nos choix, agissons de manière méthodique, en levant les obstacles un à un, en progressant dans la même direction.

Nous croyons aux entrepreneurs ? Aidons-les ! Les entrepreneurs en France sont étouffés par la bureaucratie. La simplification administrative ne suffira pas si nous nous contentons de dire : deux règles supprimées pour chaque nouvelle règle. Il faut surtout réduire les administrations, dont le rôle est de produire des normes. Il faut intégrer les corps de contrôle comme l'Inspection du travail dans une chaîne hiérarchique claire, qui facilite les recours contre les décisions abusives. Il faut limiter leurs compétences au travail dissimulé et à la sécurité.

Révolution ? Non. Inversion des valeurs, au bénéfice de ceux qui prennent des risques et qui créent des richesses. Quand je dépose avec le député du Vaucluse Julien Aubert une proposition de loi visant à réformer en profondeur le RSI, je me fais le porte-voix de tous ces hommes et de ces femmes qui ont travaillé plus de cinquante heures par semaine depuis des années, qui prennent peu ou pas de vacances, et qui ne peuvent accepter de se voir traités comme des délinquants par leur régime social au moindre retard de paiement de leur cotisation. Quand je dénonce ces abus, les huissiers à la place du dialogue, les pensions liquidées avec des mois de retard, je veux juste rappeler que le travail mérite considération et que des années de sacrifices ne peuvent se heurter à un mur administratif.

Les aberrations françaises ont la vie dure et certaines exceptions sont de mauvaises exceptions. Comment expliquer que le nombre des apprentis soit si faible en France ? Comment expliquer que nos voisins européens fassent mieux dans ce domaine ? Un apprenti a une place. Un apprenti apprend un métier. Alors, plutôt que de défendre cette solution avec des formules de circonstance ou du bout des lèvres, développons-le massivement. L'apprentissage doit devenir le fer de lance de la revalorisation du travail en France. Les entreprises se plaignent de ne pas trouver les compétences dont elles ont besoin dans leur région ? Associons-les aux choix des métiers dans les centres de formation des apprentis, pour qu'elles puissent trouver ces compétences.

À Yutz, en Moselle, plus des trois quarts des apprentis du CFA des métiers industriels trouvent un emploi à la sortie. Chaque année pourtant, des places en atelier restent vides. Le directeur, que me présente Alain Missoffe, est laconique : « Les jeunes, ils se méfient du secteur industriel. Ils pensent que c'est sale comme activité. Et puis il y a eu tellement de fermetures d'usines, ils se disent que ce n'est pas un métier d'avenir. Il faudrait leur expliquer dès le collège ce que sont les nouveaux métiers de l'industrie.

Après, ils se sont fait une mauvaise idée, c'est trop tard. » Les apprentis coûtent encore trop cher pour un artisan ou un indépendant ? Allégeons la charge financière avec des aides ciblées, qui seront financées par la fin des contrats aidés. Le bilan des contrats aidés ne justifie pas leur maintien, sauf pour un petit nombre de personnes trop fragiles pour affronter le marché du travail. Alors, plutôt que de les multiplier comme nous le faisons depuis des années, en particulier dans le secteur public, abandonnons cette solution trompeuse, récupérons les deux milliards et demi de leur financement et aidons les apprentis et ceux qui les embauchent. Les normes imposées sont encore trop strictes ? Simplifions-les, supprimons les absurdités liées à une vision précautionneuse du travail.

Autre aberration qui dure : la formation professionnelle et sa trentaine de milliards d'euros qui ne vont pas à ceux qui en ont le plus besoin, notamment les salariés confrontés au changement de leur métier. Conjugué à la réduction des marges, aux exigences de productivité, ce changement permanent met sous tension des cadres, des salariés, des employés et des ouvriers, des intérimaires, soumis à des exigences de rendement de plus en plus dures et parfois au harcèlement. Il peut provoquer dépressions, burn-out et malaise au travail.

Il laisse souvent seuls des individus qui ont toujours fait leur travail avec le plus grand professionnalisme, mais dont le travail a tout simplement disparu. Changez ! Adaptez-vous ! Mais à quoi ? Mais comment ? Et pour quelle société demain ? Toutes ces injonctions ne tiennent pas compte des doutes du salarié de quarante-cinq ou cinquante ans, du désarroi du jeune non qualifié, de la souffrance des personnes inaptes suite à un accident du travail, tous obligés de maîtriser des outils nouveaux, sans personne pour les former ou les accompagner.

Quand Jean-Pierre, coutelier pendant plus de vingt ans dans une usine de Thiers, me parle de sa recherche d'emploi et de son incapacité à assumer de nouvelles fonctions dans un centre d'appels téléphoniques, il me dit simplement : « J'ai essayé, mais j'y suis pas arrivé. Il y a quelque chose qui bloquait en moi. Les couteaux, je savais faire, c'était mon métier, je tenais la cadence. Je suis trop vieux pour changer, on change plus à cinquante ans. On nous demande de changer, on nous demande d'oublier ce qu'on savait faire : vous avez envie, vous, d'oublier ce que vous savez faire ? » Il pose ses deux mains sur ses cuisses, son visage a la couleur cendrée des grands fumeurs, il tousse, il rit, il s'étouffe presque de rire : « Remarquez, vous, les politiques, vous savez rien faire ! Vous avez rien à oublier ! »

Il ne sert à rien de trouver une activité à chacun si nous ne tenons pas compte de ces changements de plus en plus rapides sur le marché du travail et de la nécessité de donner à chacun la possibilité de faire évoluer ses compétences au fil du temps. Les fonds de la formation professionnelle ne donnent pas les résultats attendus. Ils ne vont pas vers ceux qui en ont le plus besoin, en particulier les chômeurs et tous les salariés dont les métiers disparaissent progressivement. Qui gère ces fonds ? Les organismes paritaires en majorité, mais aussi les entreprises et les administrations publiques. Plus personne ne sait qui fait quoi, pour un coût élevé et une efficacité limitée. La seule voie de sortie est dans la clarification du rôle de chacun, la séparation entre collecte des fonds et prestation de services, la responsabilité des entreprises dans la formation de leurs salariés, la stricte évaluation par les utilisateurs de leur formation.

Nous ne pouvons pas nous préparer au monde du travail de demain, qui change à une vitesse spectaculaire, multiplie les risques, développe la robotisation, avec des solutions obsolètes et datées. Un travailleur sur dix est désormais indépendant. Les auto-entrepreneurs ? Ils sont un million. Ces chiffres traduisent une volonté croissante d'indépendance et d'autonomie dans notre société.

Qui pourrait le regretter ? Pour autant, ne poussons pas le raisonnement trop loin : nous ne vivons pas la fin du salariat, comme le proclament un peu vite les exaltés de la modernité. Nous vivons une transformation profonde du rapport au travail, que les technologies numériques et robotiques accélèrent, et dont les pouvoirs publics ne prennent pas suffisamment la mesure. Les robots et les algorithmes vont-ils tuer le travail ? Je ne crois pas. Ils vont en modifier la nature et faire évoluer les emplois. Tout le défi est de donner à chacun les moyens de

vivre sereinement cette transformation en fonction de ses aspirations. Tout le défi est de faire
vivre ensemble deux mondes qui se complètent,
celui des salariés et celui des indépendants.

En matière de lutte contre le chômage, personne ne croit plus aux annonces spectaculaires.

Les grands mots de bataille, de combat, de
lutte, sonnent creux. Seuls les résultats convain-
cront. Seuls les résultats rassureront.

Il ne suffira sans doute pas de donner une
activité à chacun pour que la France retrouve sa
sérénité et sa force. Mais sans travail, personne
ne retrouvera jamais confiance dans notre
nation.

14

Sans éducation non plus.

Qui croit encore à la capacité de la scolarité à lutter contre les inégalités de naissance ? Qui pense sérieusement que chacun a les mêmes chances de se débrouiller dans le maquis de notre école, de ses filières, de ses options, de sa sectorisation ?

La France immobile est une France qui éteint les ambitions des familles les plus modestes et assassine les talents. Pour un exemple de réussite républicaine, on pourrait avancer des milliers de visages butés, des intelligences qui se ferment, des envies qui se replient et se dessèchent, des rêves qui meurent. Notre école ne permet plus à nos enfants de se réaliser et de trouver leur voie. Elle classe. Elle trie. Elle élimine. Elle a pour seul horizon la voie générale, pour seul sésame le baccalauréat, pour seul Graal les diplômes universitaires et le prestige des grandes écoles.

Tout le monde est perdant : les élèves les premiers, qui se voient soumis dès le plus jeune âge à des injonctions qui les dépassent, les enseignants, privés de la liberté de développer les ressources de chacun de leurs élèves, les parents, qui ne cessent de se demander si leurs choix sont les bons et oscillent entre inquiétude et culpabilité. Si encore notre modèle éducatif obtenait de bons résultats ! Nous réussissons cet exploit de mettre le monde scolaire sous pression sans rien en tirer de spectaculaire, de changer les règles régulièrement sans rien modifier des grands choix structurels qui ont échoué, de troubler les enseignants sans revaloriser leur métier, de fixer de nouvelles exigences sans avoir atteint les anciennes.

À vingt-deux ans, je me suis retrouvé devant des étudiants de première année de littérature à l'université Lumière Lyon-II. C'était ma première expérience professionnelle. La salle de cours avait été déplacée dans un préfabriqué au bord d'une route nationale. Il pleuvait. J'ai vu arriver une soixantaine de jeunes, dont un garçon à mèche brune, une cigarette aux lèvres, qui s'est approché de moi en me demandant : « Tu sais si le prof est arrivé ? » Je l'ai regardé : « Le prof, c'est moi. » Il a tiré une bouffée de sa cigarette, plissé les yeux : « Il est pas vieux, le prof. » Et il est entré dans le préfabriqué, d'un pas nonchalant, suivi par le reste des étudiants ruisselants de pluie.

Debout derrière un bureau bancal, je leur pose une première question : « Qui a lu Proust ? » Deux mains se lèvent dans la classe. « Qui a lu Céline ? » Trois mains se lèvent. Je les regarde : « Vous savez que vous êtes en UFR de littérature ici ? Vous ne lisez pas ? » Une jeune fille assise au premier rang sourit. Je répète ma question : « Vous ne lisez pas ? » Elle murmure en se tortillant les cheveux : « Vous savez, on n'a pas vraiment choisi d'être ici. On a pris les places qui restaient, c'est tout. On voulait être à la fac, on est à la fac, on pourrait être en histoire ou en géographie, ce serait la même chose. » Je ne sais pas ce qu'est devenue cette jeune femme, qui se révéla la plus brillante et la plus assidue de mon cours. Mais ce jour-là, devant cette soixantaine d'étudiants lancés dans une filière sans débouché, que la plupart avaient choisie par défaut, je décidai de me battre pour changer le cours des choses.

Une vingtaine d'années plus tard, je m'opposai à la réforme du collège voulue par le gouvernement de Manuel Valls. Développer les enseignements interdisciplinaires, très bien, les enseignants avaient commencé à le faire sans avoir besoin de circulaires ou de nouvelle loi. Mais pour le reste, tout dans cette réforme, de l'abandon de l'enseignement du latin à la suppression des classes bi-langues, en passant par les deux langues étrangères obligatoires en classe de cinquième, était frappé du sceau de cet égalitarisme dont le socialisme français a fait son totem. Singulier totem, qui refuse de reconnaître la diversité des talents des enfants, qui veut imposer au lieu de suggérer, qui préfère la médiocrité pour tous au succès du plus grand nombre. À force de confondre égalité et égalitarisme, mérite et nivellement par le bas, le socialisme a abîmé cet idéal républicain, qui fait de chaque enfant un espoir recommencé.

Ce combat contre la réforme du collège trouva un écho chez les parlementaires de ma famille politique, puis dans la société. Il se termina par un débat confus contre la ministre de l'Éducation nationale. À la sortie, je vis à la mine de mon conseiller Bertrand Sirven que le débat aurait pu avoir plus de hauteur et surtout plus de clarté. Mais je maintiens ma position. Je maintiens qu'on ne fait pas grandir une nation en la coupant de ses racines : le latin est la racine de notre langue, notre langue est le ciment de notre unité nationale. Défendre le latin, c'est défendre la singularité de notre langue, sa poésie, sa structure et sa finesse. C'est défendre notre littérature. C'est revendiquer notre culture, donc notre nation.

Je maintiens qu'il vaut mieux donner des heures de français à des collégiens qui ne le maîtrisent pas, ou qui le maîtrisent mal, plutôt que de leur enseigner deux langues étrangères dont ils apprendront à peine les rudiments. Je maintiens que les classes bi-langues marchent et que mieux vaut ne pas toucher à ce qui marche. Elles sont réservées à une élite ? Elles permettent surtout de garantir un recrutement de bon niveau dans des établissements qui sinon seraient désertés par les familles les plus au fait de nos arcanes scolaires, en particulier à Paris. La ministre a dû reculer sur cette question. Mais je maintiens que de retour au pouvoir, nous devrons revenir sur cette réforme du collège idéologique et bâclée.

Malgré le dévouement de la grande majorité des enseignants, malgré quelques succès retentissants, des médailles Fields qui récompensent notre école de mathématiques ou des étudiants particulièrement méritants, notre éducation nationale est à bout de souffle. La succession de réformes pédagogiques cache mal la défaite culturelle dont nos enfants sont les premières victimes. Pourquoi cette défaite ? Parce que nous ne savons pas quelle bataille nous voulons livrer, avec quels objectifs concrets. Nous devrions nous demander : quelle est la mission de l'école ? Quels enfants voulons-nous former pour quelle nation ? Quels résultats souhaitons-nous obtenir ? Ce débat devrait être public. Il devrait concerner chaque famille.

Après tout, nos enfants sont notre espoir. Ils valent bien que la nation se préoccupe de leur sort. Au lieu de quoi, le débat sur l'école se résume à des échanges techniques entre spécialistes, auxquels personne ne comprend rien. Et le paquebot avance, sans cap, sans amers, avec ses centaines de milliers d'enseignants du primaire, les moins bien payés et pourtant les plus sollicités, de professeurs certifiés ou agrégés, de directeurs d'établissement, de proviseurs, de bibliothécaires, de conseillers d'orientation, chacun faisant de son mieux dans son coin, malgré le tangage et le roulis, malgré les tempêtes inattendues, avec à la barre un ministre qui change tous les ans et fait semblant de tenir le gouvernail, sa casquette de ministre provisoirement vissée sur la tête, tant que les syndicats le tolèrent.

Le paquebot avance, mais il ne sait plus où il va.

15

Pour que chacun en France trouve sa place, nous devons refonder les objectifs et le fonctionnement de notre éducation nationale.

Nous voulons que nos enfants trouvent leur place dans notre nation ? Nous voulons que nos enfants se sentent citoyens de la République ? Alors il est temps de faire de la maîtrise de la langue française la priorité absolue de la maternelle et du primaire. Nous devons repérer les difficultés des élèves dès la maternelle. Nous devons garantir à tous ceux qui ne connaissent que quatre ou cinq cents mots de vocabulaire un accompagnement personnalisé pour rattraper dès le début leur retard. Nous devons évaluer la maîtrise du français à la fin du primaire. Nous devons mettre fin à cet enseignement des langues et des cultures des pays d'origine, mis en place dans les années soixante-dix, qui est un obstacle à la bonne intégration des enfants dont les parents ou les grands-parents sont issus de l'immigration : car pour ces enfants, leur langue, c'est la langue française, et leur pays d'origine, c'est la France. Nous devons enseigner une culture, pas seulement un savoir. Nous devons faire connaître les religions, pas inculquer des croyances, nous devons développer un esprit critique et refuser de nous soumettre à des dogmes, quels que soient ces dogmes.

Nous voulons que nos enfants se réalisent dans leurs études ? Nous voulons qu'ils trouvent leur talent ? Alors il est temps de mettre fin au collège unique, pour mettre en place un collège diversifié. Les options à l'entrée en sixième ne doivent pas se limiter à des savoirs théoriques, elles doivent inclure tout ce qui fait la vie d'une société. Du numérique à la mécanique, du service aux langues étrangères, de la musique au sport, que chaque enfant trouve dès la sixième de quoi épanouir sa propre intelligence. Le tronc commun de connaissances garantit une égalité réelle entre les enfants. Le choix des enfants, leur liberté. La valorisation de tous les talents, sans distinction entre ces talents, la fraternité.

Nous voulons que nos enfants aient un emploi à la fin de leurs études ? Alors pourquoi viser encore 80 % d'une classe d'âge au baccalauréat ? Fixons-nous plutôt cet objectif autrement plus difficile à atteindre de 100 % d'une classe d'âge avec un emploi. La religion du diplôme a encore ses adeptes. Mais elle a sacrifié sur son autel tous ceux que les études longues rebutent. Elle a dévalorisé la filière professionnelle au seul profit de la filière générale. Elle a maintenu notre société dans le culte du titre, au lieu de mettre en avant les réussites individuelles et les choix différents.

Ce boulanger de formation qui a monté une chaîne de distribution de pains à l'ancienne, son parcours devrait être montré en exemple. Ce soudeur des chantiers navals Piriou, à Concarneau, devenu en quelques années contremaître puis responsable de la fabrication des navires de plaisance, il est le modèle de ce que la passion de son métier et la volonté de se former peuvent donner. Dans les bureaux où sont exposées les dernières réalisations du chantier, navires de guerre, vedettes de sauvetage en mer, bateaux de pêche, il me montre une maquette du yacht de soixante mètres que le chantier vient de livrer pour un particulier fortuné : « Nous avons tout fabriqué ici, employé des artisans locaux, agrandi le hangar de construction, installé un nouveau pont roulant. Même les aménagements intérieurs, ce sont des entreprises locales qui les ont faits. Pour la laque et les vernis, nous avons fait appel à une entreprise grecque : ce sont les spécialistes. Pour tout le reste, nous avons trouvé des solutions locales. »

Il me lance un regard amusé : « Pas mal, pour un soudeur, non ? » Il se rappelle son orientation à la fin de la troisième : « Mes parents ont vécu cela comme un échec, que je me lance dans la voie professionnelle. Moi, je savais que je ne ferais pas de longues études. Je préférais travailler le plus vite possible et faire quelque chose de mes dix doigts. » Il caresse la coque en plastique bleu nuit du bout des doigts : « J'ai toujours aimé ce que je faisais. C'est ça le secret, non ? » Il a raison. Le secret est de faire éclore les talents et les envies des uns et des autres, en les soumettant au même niveau d'exigence. Il est temps de revaloriser la filière professionnelle et ses débouchés.

L'intelligence de la main vaut l'intelligence de l'esprit : est-ce si difficile pour notre nation de le dire et de le mettre en pratique ?

La refondation de notre système scolaire ne peut pas se limiter à des mesures de circonstance. Elle prendra du temps, parce que les changements culturels prennent du temps et ne se font pas du jour au lendemain. Elle demandera une remise en cause de règles de fonctionnement injustes et inefficaces, mais que le poids des habitudes nous fait considérer comme immuables. Rien de ce qui affaiblit notre nation ne doit pourtant être considéré comme immuable. Aucune tradition qui nous ferme un avenir meilleur ne doit être défendue.

Dans le primaire et dans le secondaire, cohabitent des professeurs des écoles qui travaillent vingt-sept heures par semaine environ, des professeurs certifiés qui travaillent dix-huit heures, des agrégés qui font quinze heures. Qui sont les mieux rémunérés ? Les professeurs agrégés. Je ne suis pas certain que la justice y trouve son compte, quelle que soit la difficulté des concours. Je ne suis pas certain non plus que cette organisation garantisse les meilleurs résultats pour les élèves.

Plutôt que de recruter toujours plus de professeurs, avec les problèmes que cela pose et le risque de dévalorisation du métier, faisons évoluer le métier des enseignants, donnons-leur un cadre clair, allégeons les contraintes administratives absurdes auxquels ils sont soumis, laissons la possibilité à un enseignant, au bout de cinq ou dix ans de carrière, de se former à une autre profession. Pourquoi, dans un monde qui bouge, les enseignants seraient-ils les seuls à ne jamais avoir des perspectives de carrière nouvelles ? Pourquoi, dans un monde où le savoir est si précieux, nous résignerions-nous à cette lente relégation de ceux qui le dispensent ?

Arrêtons d'imposer de la rue de Grenelle des décisions coûteuses, inadaptées à la réalité locale, dont la réforme bâclée des rythmes scolaires est à la fois le symbole et la caricature. En un décret, le ministère de l'Éducation nationale a mis sens dessus dessous les emplois du temps des dizaines de milliers d'écoles primaires et de maternelles en France, grevé les budgets des

petites communes, en particulier dans la rura-
lité, creusé les inégalités entre les communes
riches et les communes pauvres, bouleversé la
vie quotidienne des parents, sans aucun bénéfice avéré pour les enfants. Ce décret devra être
abrogé au plus vite.

La France des enseignants doit être une
France fière, une France récompensée pour son
travail, une France qui demande plus de disponibilité aux professeurs mais qui sait rétribuer
en retour leurs succès et leur mérite. Qui a la
légitimité pour le faire ? Certainement pas les
organisations syndicales, qui tiennent pourtant
le haut du pavé rue de Grenelle. Par je ne sais
quelle résignation du pouvoir politique, nous
avons abandonné à ces organisations la plus
grande part de la gestion des personnels édu-
catifs. Cela ne doit plus durer. Il appartient au
ministre et aux recteurs de reprendre la main
sur la gestion de leurs propres personnels. Par
quel moyen ? En mettant fin à la cogestion
dans le ministère, en rapprochant la gestion
des carrières du niveau régional, en accordant
une plus grande autonomie aux établissements scolaires, en faisant, ici comme ailleurs,

davantage confiance aux initiatives locales, plutôt que de vouloir tout diriger du sommet, suivant des procédures archaïques, obscures et le plus souvent inéquitables.

Avançons !

Ne nous laissons pas intimider par ceux qui crient avec le plus de force, à défaut de parler avec le plus de justesse !

Revenons à ce qui fonde notre nation : un esprit critique, capable de remettre en cause ce qui ne marche pas, de tenter autre chose au service de la collectivité.

Notre avenir se jouera dans la refondation de notre école, au service de la reconnaissance des talents.

16

Reconnaître les talents de tous ne veut pas dire oublier les faiblesses de chacun. Seul un projet politique qui se fixe comme objectif la reconnaissance de chacun pourra redonner à notre nation son unité et sa grandeur.

À Doullens, dans la Somme, un établissement public d'insertion accueille des jeunes volontaires souvent sans formation, qui ne trouvent aucune place en entreprise et qui parfois sont en butte à des difficultés familiales. Ce matin, Martin, les cheveux en brosse, le cou large enfoncé dans le pull bleu marine de son uniforme, me regarde sur le pas de la porte de sa chambre : « Depuis que je suis ici, je sais ce que je veux faire : militaire. Avant je savais pas, je trouvais rien, la galère, rien. » Son compagnon de chambre garde les yeux baissés : « Moi, boucher. Je veux devenir boucher. » En un an, ils ont trouvé une formation, une direction pour leur vie et, davantage encore, un ordre qui leur manquait.

Il existe plusieurs établissements semblables en France, qui tous font un travail exceptionnel pour accueillir librement ces jeunes, dont certains franchissent leur porte sans rien, pas une valise, pas un vêtement de rechange, pas un certificat, pas de lettre de leurs parents. Le service militaire volontaire complète cette offre. Elle est indispensable pour donner aux jeunes les plus fragiles les chances qui leur ont été refusées et les règles de vie en commun que le service militaire leur donnait autrefois. Est-ce un remède contre le chômage ? Non. Mais un remède contre la glissade rapide de certains en dehors de notre société. Élargir ces dispositifs, mettre en place un service civil ou militaire volontaire pour tous ceux qui cherchent un engagement entre leurs études et leur vie professionnelle, ce serait donner encore plus de souffle à ce projet.

Dans une société, certains sont forts, bien armés, mieux préparés à affronter les revirements de fortune, les échecs, les déceptions.

Certains au contraire ne se remettent pas de problèmes personnels ou de difficultés professionnelles, ils se replient, parfois ils sombrent dans la dépression, se laissent entraîner au pire.

Longtemps, je me suis refusé à mettre en place un plan contre le suicide des agriculteurs. Les chiffres étaient connus : un suicide tous les deux jours dans le monde agricole. Pourtant je ne parvenais pas à voir la réalité derrière les chiffres, ou je considérais que cette réalité appartenait à la vie la plus intime des agriculteurs, pas à ma mission de ministre. En 2010, quelques jours après le passage de la tempête Xynthia, je me suis rendu chez un éleveur de moutons de La Faute-sur-Mer, dont tout le troupeau avait été emporté par une vague de plusieurs mètres de haut. Nous étions une petite dizaine, conseillers, gendarmes, élus. Nous avancions sur une jetée qui menait à l'exploitation, cernée par une mer boueuse. Des rafales de vent déchiraient des lambeaux de nuages dans le ciel.

L'éleveur se trouvait au bout de la jetée. Quand nous sommes arrivés à quelques mètres de lui, il a brandi un fusil de chasse. Il a crié quelque chose que le vent nous empêchait d'entendre. Nous sommes restés immobiles. Le vent ridait la surface des marais alentour. Il y a eu un silence. Lentement une femme gendarme s'est approchée de lui, elle lui a parlé, elle a pris le fusil. Nous avons fait comme si de rien n'était et nous avons poursuivi la visite avec cet éleveur qui avait tout perdu : dans la grange, les carcasses de mouton au ventre gonflé flottaient dans un mélange de paille et de détritus apportés par la vague. Contre qui avait-il brandi ce fusil ? Contre nous ? Contre lui ? Et que ferait-il ce soir, quand nous serions repartis ? Dans les yeux de cet éleveur, il y avait un désespoir qui ne pouvait pas rester étranger à ma responsabilité. La politique est aussi parfois une consolation.

Je ne connais rien de plus difficile à comprendre et à accepter pour le fort, que le faible, pour le bien portant, que le malade. Je ne connais rien de plus important pour une société que de faire droit aux faiblesses des plus faibles, pour les aider à les surmonter.

Damien et Nicolas Delmer sont des frères jumeaux atteints de la mucoviscidose. Leurs mots pour réclamer une mort assistée, cités dans une interview du *Parisien*, avaient quelque chose de poignant et avaient ébranlé mes convictions sur la fin de vie. Je demandai à les rencontrer. Ils acceptèrent. Avec mon conseiller presse, Dimitri Lucas, nous nous sommes un peu perdus avant de trouver leur pavillon, situé dans un lotissement à Amélie-les-Bains, face aux montagnes. Nous étions en mai, un air de printemps flottait dans la vallée, de rares voitures passaient sur le bitume neuf, noir et luisant. Quand Damien nous ouvrit, je fus surpris par sa petite taille, sa faiblesse, son visage émacié et son immense douceur. Il nous accompagna dans le salon à petits pas. Son frère nous rejoignit.

Ils nous racontèrent leurs années de traitement, la peur, les étouffements la nuit, les soins permanents, leur projet de déménagement, la mort imminente et, pire que la mort, la peur de souffrances intolérables. Damien parle avec le souffle court, il chuchote une violence inouïe, la violence des épreuves subies, des séances de kinésithérapie qui reviennent sans cesse et qui épuisent, la violence des manipulations, la violence des médicaments chimiques qui rongent son estomac, des piqûres, des veines trop exsangues pour accepter encore les piqûres, il nous raconte tout cela. Il me regarde en ajustant ses lunettes avec des doigts aussi fins que des brindilles : « Notre réalité, elle est dans la maladie. Vous allez bien, nous allons mal. Qui a choisi ? Personne. » Son frère le regarde et lui caresse le bras. Un long silence. Damien ajoute : « Nous ne voulons plus souffrir. Je ne veux pas voir mon frère partir dans des souffrances atroces, je ne pourrai pas le supporter, non, je supporte tout, mais la souffrance de mon frère, je ne pourrai pas la supporter. Je ne demande pas de choisir ma mort par amour de la mort, mais pour ne plus avoir peur. Pour pouvoir vivre tranquillement, je veux choisir ma mort. »

Il se lève avec difficulté, se tient un peu courbé, une main sur le dossier de la chaise en bois, le regard fatigué. « Je dois aller faire ma kiné respiratoire, vous voulez venir ? » Nous déclinons, il insiste et nous emmène dans sa chambre. Nous nous asseyons sur son lit, tandis que lui se met à son bureau et prépare son matériel : un tube annelé en plastique transparent, relié à une base noire, un masque, un gobelet pour recueillir les glaires. Il commence. Comment peut-il supporter pareil traitement depuis son enfance ? Quelle force a-t-il en lui pour décoller de ses poumons tous les jours ce mucus visqueux que je le vois cracher de sa bouche au gobelet ? Qui lui a donné ce courage ? Qui ? Un vent doux soulève une branche de mimosa devant sa fenêtre. Je tourne la tête, je sens quelque chose se nouer dans ma poitrine, je regarde le petit clown en patchwork posé sur son oreiller, un CD sur sa table de nuit, les concertos pour trois et quatre pianos de Bach, joués par Collard et Beroff, juste derrière une photo de Damien à cinq ans, resplendissant de vie. Il a fini. Il souffle. Son visage épuisé porte encore les marques du masque.

Je n'ai pas revu Damien et Nicolas depuis mon passage dans les Pyrénées-Orientales. Je veux leur dire que depuis leur rencontre, je ne considère plus de la même manière la question de la fin de vie, y compris sur la façon dont nous traitons les difficultés des plus fragiles. Là où j'avais des certitudes, je n'ai plus que des questions. Je veux leur dire aussi que c'est la dignité de notre pays, la France, que de leur accorder les soins les meilleurs, je l'espère le plus longtemps possible.

17

Aider les plus faibles, cela a un nom : la solidarité.

Cela a aussi un coût.

À force de confondre solidarité et social, soutien aux plus faibles et gratuité généralisée pour tous, nous nous sommes privés des moyens de venir en aide à ceux qui en avaient le plus besoin. Si demain nous voulons financer des politiques ambitieuses pour les personnes handicapées, si nous voulons trouver des solutions adaptées pour les personnes dépendantes, qui seront pour la France un de ses plus grands défis, si nous voulons continuer à poursuivre la recherche contre le cancer ou contre Alzheimer, nous devons remettre en ordre nos grands choix sociaux. Ne persistons pas dans cette erreur qui consiste à céder aux exigences de ceux qui en ont le moins besoin, mais qui gémissent et qui se plaignent, au détriment de nos compatriotes les plus en difficulté, qui se taisent.

Qui entend la détresse des familles avec un enfant autiste ? Qui mesure les obstacles insurmontables pour trouver une place pour son enfant, la bataille quotidienne pour le faire entrer dans une école ? Qui comprend cette angoisse ? Plutôt que de jeter notre argent public par les fenêtres en remboursant à tout-va et sans contrôle des soins de confort, je préfère que nous concentrions nos efforts sur les difficultés réelles de ces familles. Dotons-nous des moyens de détection précoce, à un an. Donnons aux écoles les auxiliaires de vie scolaire nécessaires pour accueillir ces enfants parmi les autres enfants. Formons les enseignants. Apprenons tous à accueillir le handicap devant lequel nous passons avec indifférence.

« Vous me demandez si la société a du mal à accepter les enfants autistes ? Non. La société ne sait pas accepter. Elle est démunie. Elle ne comprend pas. Alors nous, avec nos enfants autistes, on fait au mieux. On se bat. Mais on est tout seuls. » À Six-Fours-les-Plages, Jessica, jeune mère de famille, me raconte avec les autres membres de son association le parcours du combattant qui est le sien depuis des années : les blocages administratifs, les lourdeurs, le manque de conseils, la peur de faire une erreur et de choisir la mauvaise thérapie. Et surtout, ce regard de méfiance sur son propre enfant, cette hostilité sourde, qui parfois se transforme en remarques agressives chez ses camarades de classe.

Grande nation développée, la France ne peut pas continuer plus longtemps à accuser tant de retard dans le traitement de ces maladies, comme dans notre attitude face au handicap. Face au handicap, en particulier le handicap mental ou neurologique, nous avons encore trop souvent des réflexes du XIXe siècle : la peur, la méconnaissance, le rejet. Nos traitements sont inadaptés. Nos comportements aussi. Changeons les uns comme les autres. Il est temps que nous acceptions auprès de nous ceux que nous refusons encore, parce que nous ne les comprenons pas.

Faisons le maximum pour ceux qui souffrent et qui sont dans le désarroi, fermons les vannes des dépenses sociales inutiles ou accessoires !

Nous ne pouvons plus laisser faire le patient qui abuse des prescriptions médicales, des examens et des médicaments. Nous ne pouvons plus rembourser les consultations pour un mal sans gravité aux services des urgences des hôpitaux. Nous ne pouvons plus laisser filer les dépenses de l'aide médicale d'État au bénéfice des immigrés en situation irrégulière : elle doit être remplacée par une simple aide d'urgence pour dispenser les soins les plus urgents et éviter la propagation des maladies contagieuses, avec une franchise. Nous ne pouvons plus tolérer la moindre fraude aux aides sociales. Lutter avec plus de détermination contre les fraudes ne devrait pas être un marqueur de droite ou de gauche, mais un principe absolu dans une société où les transferts financiers entre les uns et les autres sont aussi importants. Le croisement des fichiers devrait être naturel. La possibilité pour les maires de connaître les allocataires du RSA dans leur commune ou pour les présidents de conseils départementaux de disposer des relevés bancaires de ceux à qui ils distribuent les aides sociales, aussi. Flicage ? Suspicion ? Non. Seul moyen de garantir à ceux qui versent des impôts que leur argent est employé à bonnes fins, que personne ne triche, que chacun respecte les règles.

Aider ceux qui ont les revenus les plus faibles à trouver plus facilement un logement, inciter à l'acquisition, faire toute la transparence sur le niveau de revenus et le patrimoine des bénéficiaires de logements HLM, clarifier les critères d'attribution : oui, au nom de la justice et de la solidarité. Laisser des individus seuls continuer à bénéficier de F3 ou de F4 alors que leur famille est partie, refuser davantage de fluidité dans les attributions de logements HLM, bloquer toute transparence sur les niveaux de revenus réels de ceux qui ont accès au parc social, au nom du social : non. Protéger les locataires contre les abus : oui. Leur assurer une impunité totale quand ils ne paient pas leurs loyers, en privant des retraités ou de jeunes actifs du revenu de leurs investissements : non.

En France, le social a tué la solidarité.

La solidarité doit reprendre la place du social.

La solidarité est-elle hors de prix ? Je ne crois pas. Est-elle nécessaire pour notre nation ? Plus que jamais. Mais elle nous impose des révisions dans nos comportements, un renforcement des contrôles, un refus politique clair et net de tout ce qui pourrait ressembler à de la gratuité irresponsable.

Elle exige des choix tranchés, notamment sur les retraites. La France vieillit. Elle n'est plus capable de financer ses pensions. Nous ne pouvons plus attendre pour aligner les conditions de départ et les règles de calcul des pensions du secteur public avec le secteur privé, pour ouvrir la voie à des retraites complémentaires par capitalisation, pour mettre en place un régime par points, qui permette à chacun de savoir exactement quelle pension il touchera. Nous ne pouvons plus tolérer les dérogations des régimes spéciaux, ceux des élus comme ceux des cheminots, qui ne correspondent à rien de juste, rien de nécessaire. Nous devons avoir le courage de fixer l'âge légal de départ à la retraite à soixante-cinq ans. Plutôt que des petites mesures par petits bouts qui ne règlent jamais les difficultés, mieux vaut prendre le taureau par les cornes et mettre derrière nous pour les prochaines décennies la question du financement des retraites.

Ne vous résignez pas !

Rien ne doit être accordé sans contrepartie. Rien ne doit être donné que ce qui est nécessaire. Rien ne doit être distribué sans contrôle : voilà les trois principes qui devraient nous permettre de refonder ce qui est au cœur de l'exception française.

18

La France a besoin d'un grand projet national.

Elle doit affirmer la place de chacun. Elle doit dire haut et fort que pour entrer dans le monde nouveau, elle compte sur la responsabilité de chaque individu et non plus sur la tutelle des pouvoirs publics.

Pareil projet exige une profonde remise en ordre de notre État.

Nous disons État, mais nous confondons État et bureaucratie. Nous disons État, mais nous vivons sous la férule de ces pouvoirs publics qui ne rendent de comptes à personne, se croient intouchables, contrôlent, surveillent, sanctionnent, au lieu de soutenir, de défendre, de protéger, de valoriser. Nous disons État, mais nous pensons administration. Nous disons État, mais nous ne savons plus très bien ce que nous disons, tant cet État a étendu son pouvoir dans des domaines qui ne devraient pas être les siens, où il se montre à la fois coûteux et inefficace. Rien ne semble avoir vraiment changé depuis ce jour où Tocqueville écrivait : « Il n'y a pas de pays en Europe où l'administration publique ne soit devenue non seulement plus centralisée, mais plus inquisitive, et plus détaillée ; partout elle pénètre plus avant que jadis dans les affaires privées ; elle règle à sa manière plus d'actions, et des actions plus petites, et elle s'établit davantage tous les jours, à côté, autour et au-dessus de chaque individu, pour l'assister, le conseiller et le contraindre. »

Autant dire que le défi est de taille.

Pour le relever, chacun devra se sentir concerné, chacun devra participer à cet effort, le nouveau pouvoir politique devra avancer vite et avec un mandat clair. Nous ne pouvons plus nous permettre un nouveau commissariat à la Réforme de l'État installé dans des locaux cossus pour recevoir des hauts fonctionnaires peu disposés à abandonner leurs prérogatives, nous ne pouvons plus nous contenter de rapports, nous ne pouvons plus nous appuyer uniquement sur des mécanismes technocratiques comme la révision générale des politiques publiques. Nous sommes au pied du mur.

Nous devons faire des choix politiques tranchés. Soit nous transformons notre État, soit il perdra chaque jour davantage de sa crédibilité et de sa puissance, notre nation avec. Soit nous restaurons une autorité sans faille, soit notre nation se brisera sur la montée des violences, des règlements de comptes, des communautarismes et des atteintes aux personnes comme aux biens. Quelles missions ? Avec quels moyens ? Pour quelle ambition ? Voilà les trois questions auxquelles nous devrons apporter des réponses, avec une feuille de route claire et une transparence totale sur les objectifs et sur les résultats.

Protéger doit être la priorité absolue pour l'État.

La France est sous la menace. Elle a été attaquée. Elle est la première cible du terrorisme islamiste. Elle le restera pour longtemps. Nous sommes tous conscients que la gravité de la situation appelle des mesures exceptionnelles, mais aussi une adaptation en profondeur de notre outil de sécurité. Police et gendarmerie doivent disposer à la fois des hommes, des

moyens matériels et des capacités d'intercep-
tion nécessaires pour démanteler les réseaux et
prévenir les attaques terroristes sur notre sol.
Nous devons également leur donner la faculté
d'intercepter de manière préventive tous les
individus fichés S qui pourraient représenter
une menace immédiate pour la sécurité nationale. Sur les dix mille fichés S, les services de
renseignement comme les juges anti-terroristes
estiment à quelques centaines les individus
potentiellement dangereux et susceptibles
de passer à l'acte. Peut-on raisonnablement
attendre pour les empêcher de nuire ? Face à
une menace nouvelle, certains pensent que
les règles de notre État de droit doivent rester
immuables. Je crois au contraire à la nécessité
de les adapter.

Les armées pour leur part ne pourront garantir notre protection dans le format qui est le
leur actuellement. Des décisions ont été prises
pour limiter la réduction des effectifs : elles sont
insuffisantes. Nous devons porter le budget des
armées à 2 % de notre richesse nationale sur
dix ans. Les équipements doivent être moderni-
sés. Les forces terrestres doivent augmenter au

minimum de trente mille sur la même période. Nous sommes en guerre, ou nous sommes en paix. Mais nous ne pouvons pas nous dire en guerre et ne pas donner à nos armées les moyens de nous protéger avec efficacité, sur notre sol comme ailleurs. Nous sommes en guerre, mais nous ne pouvons pas livrer plusieurs guerres à la fois : l'envoi de troupes en Centrafrique ne répondait à aucun besoin de sécurité pour notre pays, j'ai donc voté contre. Nous sommes en guerre, mais nous ne pouvons pas livrer la guerre seuls et partout contre le terrorisme : dans son combat contre l'État islamique, la France est déjà engagée au Mali, en Irak et en Syrie. Peut-elle prendre le risque d'ouvrir un quatrième front en Libye ? Il est temps que nos partenaires prennent le relais. Il est temps que dans ce combat à mort contre le terrorisme isla-miste, la France soit davantage épaulée par les nations qui partagent ses valeurs, son histoire, son goût de la liberté et sa volonté farouche de respecter la vie humaine.

Protéger ne se limite pas à la menace isla-miste. Protéger est une responsabilité du quo-tidien. Protéger concerne aussi les incivilités, les petits délits qui restent impunis, les infractions sans suite, les cambriolages dans les zones rurales, les violences contre les personnes. En matière de sécurité, nous ne pouvons plus avoir deux poids, deux mesures. Nous ne voulons plus d'un État puissant avec les faibles, et faible avec les puissants.

Nous ne voulons plus que les infractions routières soient méthodiquement punies, avec les drames humains que provoque parfois la perte du permis de conduire, et que quelques individus, un jour de retour de grandes vacances, puissent envahir librement une autoroute et bloquer des heures la circulation. Nous ne voulons plus que les sanctions tombent pour des retards de quelques jours dans le paiement du moindre impôt sur le revenu, et que les biens des trafiquants de drogue ou de leurs familles ne soient pas saisis. Nous ne voulons plus voir un commerçant excédé par une troisième attaque à main armée traîné devant la justice, et pas ses agresseurs. Nous craignons de voir certains individus se faire justice eux-mêmes, parce que les forces de sécurité ne pourraient plus entrer dans certains quartiers. À Ajaccio, en décembre 2015, nous sommes passés à deux doigts du drame. « Le préfet, me raconte le maire Laurent Marcangeli, il me propose en réponse aux troubles une maison de services publics. Moi je lui dis : la seule réponse, c'est l'ordre. »

Le droit doit être le même pour tous, la loi appliquée pour chacun, la sécurité garantie partout. Aucune société ne peut vivre libre sans ordre. Cet ordre républicain devrait régner partout, il est de plus en plus souvent contesté ou bafoué : par des individus isolés, par des trafiquants en tous genres, par des militants d'extrême gauche qui contestent les décisions publiques au nom de la désobéissance civile, à Notre-Dame-des-Landes et ailleurs. Il suffit de recueillir les témoignages des victimes ou de ceux qui les protègent pour comprendre combien ce laisser-aller général insupporte nos concitoyens. Arlette, victime de ces bandes qui écument le sud de ma circonscription, pour voler des bijoux et les revendre à proximité de la gare Saint-Lazare, me dit au téléphone, la voix lasse : « Déjà qu'on a rien, en plus on nous le vole. » Maxime, policier à Neuilly-sur-Marne : « Pourquoi on prendrait des risques pour les arrêter, les récidivistes ? On se fait insulter pendant la garde à vue. On les relâche. Ils sont jugés huit ou dix mois plus tard, ils comprennent même pas pourquoi on les punit. Ils sont même pas considérés comme récidivistes, ils ont pas encore été jugés, ils sont réitérants, c'est le mot : réitérants. Et quelle punition ils vont avoir ? Un rappel à la loi. » Mohamed, animateur dans le quartier du Haut-Vernet, à Perpignan : « Ils sont trois ou quatre, pas plus, mais ils pourrissent la vie du quartier. Ils caillassent l'école, ils insultent les profs, on peut rien faire contre eux. J'ai pas de solution. » Françoise, juge au tribunal de grande instance à Chartres : « On fait au mieux. Mais vous avez vu dans quelles conditions nous travaillons ? Vous avez vu les couloirs encombrés ? Vous avez vu le greffe ? On est débordés. Il faudrait nous décharger de certaines tâches si vous voulez que nous jugions plus vite. Le petit contentieux routier, par exemple, on pourrait très bien le contraventionnaliser. »

Droite et gauche peuvent bien se renvoyer leurs responsabilités, les uns en mettant en cause le laxisme des magistrats, les autres en critiquant les réductions de personnels : chacun sait dans son for intérieur que le combat pour la sécurité est difficile et ne peut être gagné du jour au lendemain. Derrière les slogans, les raccourcis, les coups de menton, il y a la réalité de notre société, les drames humains, les familles qui se délitent, les ravages des trafics de stupéfiants, la pauvreté qui gagne. Alors, plutôt que de nous livrer à des débats sans fin, fixons-nous un objectif politique : la tolérance zéro, la sanction immédiate. Donnons aux magistrats les moyens de juger plus vite, avec plus de sévérité, en rétablissant les peines plancher, en construisant dix mille places de prison supplémentaires sur cinq ans, en modernisant les tribunaux, en les déchargeant des tâches accessoires qui ne devraient pas relever de la justice.

Inventons des méthodes nouvelles, sur le modèle de cette expérience conduite notamment par Bernard Reynès dans sa commune de Châteaurenard, qui réunit régulièrement les représentants de la police municipale, de la police nationale et de la gendarmerie, du procureur, des établissements scolaires, pour traiter rapidement et au plus près les incivilités. Donnons au maire tous les pouvoirs nécessaires pour sanctionner sans délai ces incivilités et obtenir réparation des dégradations. Clarifions une bonne fois pour toutes les relations entre police municipale et police nationale. Ne soumettons plus les décisions des maires en matière de vidéosurveillance à un accord de la préfecture, qui prend des mois. Damien Meslot, maire de Belfort, me glisse dans le bureau de sa mairie : « Je l'avais promis en mai, je le fais en juin. Tu comprends, si j'attends que la commission se réunisse à la préfecture, la décision est reportée au mois de novembre. Et les gens, ils disent quoi ensuite ? Ils disent que le maire ne fait pas son boulot. »

La consommation comme le trafic de drogue minent notre société. Ce sont des fléaux invisibles et muets. On contrôle mal, on sanctionne peu, on ne débat jamais du problème et de ses incidences sur le financement du terrorisme. Nous ne sommes pas encore dans la banlieue de Naples, mais certains de nos quartiers s'en rapprochent. La priorité absolue, qui doit mobiliser nos forces de renseignement et de sécurité, comme la coopération européenne et internationale, est au démantèlement des réseaux et des filières. Étendons les possibilités de saisie des biens à l'intégralité des biens des familles de trafiquants. Renforçons la coordination des services. Criminalisons le trafic d'armes.

Sortons des débats idéologiques sur la sécurité et trouvons la voie du pragmatisme, du travail en commun et de la mobilisation de tous.

19

Avec quels moyens ?

La réalité est que nous devons à la fois investir dans les missions régaliennes de l'État et réduire la dépense publique.

Incompatibles, ces deux objectifs ? Au contraire. Ils nous obligent à faire les choix stratégiques que nous avons refusé de faire depuis quarante ans. Ils sonnent la fin de ces mesures aveugles et douloureuses, qui dépècent la puissance publique morceau par morceau et finissent par saper son autorité, sans améliorer son efficacité.

Nous devons choisir entre un État stratège et un État régalien : je choisis un État régalien et laisse la stratégie à nos entrepreneurs, qui sauront mieux que la puissance publique quels secteurs créeront demain des richesses et des emplois.

Nous devons choisir entre un État faible qui fait tout et un État fort qui limite le champ de son action : je choisis un État fort. Je choisis un État qui arrête de multiplier les lois de circonstance, mais qui sait faire respecter les lois existantes. Nous ne pouvons pas continuer à laisser entrer sur notre sol des personnes étrangères qui viennent au titre du regroupement familial, mais dont les conditions de ressources, l'emploi, la situation familiale ne sont contrôlés que par les maires au moment de leur arrivée en France et jamais plus tard. Les maires doivent garder ce pouvoir de contrôle, mais l'exercer pleinement, à l'image d'Olivier Carré à Orléans : « Nous, nous contrôlons avant et après l'arrivée des familles. Je peux te garantir que les règles sont respectées. Même chose pour les mariages blancs et les mariages gris. » Des contrôles aléatoires doivent également pouvoir être effectués par les préfets. Nous ne pouvons pas continuer à financer le logement et les études de demandeurs d'asile qui attendent deux ans avant qu'il soit définitivement statué sur leur sort. À quelle fin, puisque tous ou presque resteront finalement en France, que le droit d'asile leur soit accordé ou non ? Le délitement de l'État en matière migratoire est l'un des symptômes les plus affligeants d'une nation qui ne sait plus qui elle doit accepter ou non sur son sol, pour quelle raison, avec quels moyens de contrôle et de coercition.

Nous devons choisir entre un État qui investit et un État qui se ruine dans les dépenses de fonctionnement : je choisis un État qui investit et taille dans ses dépenses de fonctionnement. Supprimons les administrations redondantes, les agences indépendantes qui ont dépossédé le politique de son pouvoir et nomment à tour de bras sans rendre de comptes à personne. Déléguons à des entrepreneurs privés toutes les missions qu'ils pourraient assumer avec plus de dextérité : la mise en place du logiciel Louvois de soldes des armées relevait-elle vraiment des compétences des militaires ? Le fiasco de Louvois ne doit-il pas nous inciter à déléguer ces missions comptables ? Privatisons les entreprises qui ne relèvent pas des missions essentielles de service public et cédons les participations dans les secteurs qui ne sont pas stratégiques.

Nous devons choisir entre un État qui se substitue au citoyen et un État qui fait participer le citoyen à ses missions : je choisis un État qui fait participer le citoyen. Une garde nationale composée de réservistes, des écoles pilotes dans des quartiers difficiles, des associations qui soutiennent et forment des chômeurs de longue durée, autant de projets qui traduisent la volonté de nombre de Français de se réapproprier leur État. Une plus grande transparence sur les données publiques : autre moyen de laisser le citoyen libre de décider entre différents établissements publics et de participer par conséquent à leur modernisation.

Quand les données sur les résultats des hôpitaux, pathologie par pathologie, seront-elles enfin accessibles à tous ? Pourquoi les universités ne donnent-elles pas les taux d'employabilité de leurs différentes filières au moment des inscriptions des étudiants ? Quand le citoyen français sera-t-il enfin considéré comme adulte par les pouvoirs publics ? Paul Duan a vingt-trois ans. Il est né à Trappes. Ses parents sont originaires de Chine. Il me présente son projet de service public 2.0 : « On donne accès à des données à des citoyens qui veulent par exemple construire une crèche ou un établissement scolaire pour leur quartier. Les données restent évidemment sous le contrôle des pouvoirs publics, pour éviter tout détournement. Les citoyens passent deux mois à travailler sur ce projet, ensuite ils le présentent, les pouvoirs publics acceptent ou non. Tu as la certitude que le projet correspondra aux besoins des gens. Ensuite les pouvoirs publics aident au financement ou non. »

Nous devons choisir entre le maintien du même nombre de fonctionnaires dans les trois fonctions publiques et la réduction drastique du nombre de fonctionnaires, pour revaloriser les missions de service public et ceux qui les accomplissent : je choisis la seconde voie. Nous devons nous fixer comme objectif de réduire le nombre d'emplois publics de cent mille par an sur dix ans, soit un million, pour ramener leur nombre total de plus de cinq millions à quatre millions. La revalorisation du métier de fonctionnaire est à ce prix. Les économies réelles dans la dépense publique aussi. Pour parvenir à cet objectif, nous devrons moderniser en profondeur le statut de la fonction publique, limiter les emplois à vie aux seules missions essentielles de notre État, recourir davantage à des contrats de cinq ou dix ans, développer la rémunération au mérite et faciliter la mobilité des fonctionnaires. Nous devrons éteindre progressivement le corps des fonctionnaires territoriaux et laisser les présidents des exécutifs locaux recruter librement leurs agents.

Nous devons choisir entre une administration au service de ses agents ou des agents au service de leur administration : seule la seconde option est digne de ce que notre État a toujours été et du professionnalisme de ses fonctionnaires. À cette fin, la titularisation ne doit plus être automatique, mais la récompense de la qualité du travail accompli. Les primes se donneront au mérite. Le jour de carence sera immédiatement rétabli dans la fonction publique. La réalité du travail des trente-cinq heures sera contrôlée, ne serait-ce que par respect pour tous les agents publics, infirmières, aides-soignantes, médecins urgentistes, mais aussi fonctionnaires des directions déconcentrées, qui font parfois bien plus que trente-cinq heures. Même si les trente-cinq heures restent la référence, dans chaque établissement public, les directeurs pourront ouvrir des négociations sur la durée du travail et adapter cette durée aux exigences de résultats. Seuls les hauts fonctionnaires reconnus après cinq années de service pour la qualité de leur travail pourront avoir accès aux grands corps.

Nous devons choisir entre un État qui impose et un État qui incite, encourage et accompagne : qui pourrait hésiter ? Qui ne voit pas partout en France combien la tutelle pesante des pouvoirs publics, leurs contrôles, leur zèle sur des questions secondaires, peut exaspérer nos concitoyens ? Nos agriculteurs, dans tous les secteurs de production – lait, viande, céréales, vins, fruits et légumes –, ne supportent plus de voir leur travail contrôlé sous toutes les coutures et leur revenu réduit à la moindre défaillance, sans recours ni raison.

Notre nation est son État.

Notre nation est forte quand son État est fort.

Notre nation est affaiblie depuis des décennies par notre incapacité à le faire évoluer, à lui fixer des objectifs clairs, à redonner de la noblesse au métier de fonctionnaire, dans sa mission comme dans sa rétribution.

Notre nation par conséquent doit retrouver une ambition pour son État, restaurer son autorité, réduire son emprise. Les trois objectifs se tiennent, aucun ne peut être atteint si les autres ne le sont pas aussi. Nous devons avoir à cœur de rendre notre territoire le plus attractif possible pour les investisseurs étrangers, de développer le très haut débit dans tous les départements, en particulier les plus reculés, de redonner un élan aux territoires ruraux, de soutenir le financement des énergies renouvelables pour faire de la France un modèle en matière de mix énergétique. Notre État doit enfin fixer une direction à partir du projet politique que vous aurez choisi. Là où il a pris la fâcheuse habitude de dépenser toujours plus, il doit dépenser toujours moins, là où son autorité est défaillante, il doit rétablir son autorité, là où il a pris son autonomie par rapport au pouvoir politique, il doit se soumettre à la politique qui a été choisie par la majorité, là où il étend son emprise sur les citoyens, il doit laisser aux citoyens la liberté de construire leur avenir.

20

Alors nous retrouverons un esprit de conquête.

Alors nous renouerons avec le fil de notre histoire, qui ne se limite pas à la tutelle de la fonction publique et au développement sans frein de la bureaucratie ! Car la France, c'est aussi la liberté d'entreprendre, la créativité industrielle, la maîtrise des technologies les plus pointues dans tous les secteurs. Entreprendre ne doit plus rimer avec taxes, complexité, lourdeur administrative et contrôles incessants, entreprendre doit rimer avec simplicité, soutien de la nation et stabilité. Entreprendre ne doit plus être une activité réservée à quelques-uns, entreprendre doit devenir une ambition collective, pour créer des richesses et des emplois sur notre territoire. Faisons ce choix de la France des entrepreneurs, pour donner un travail à chacun. Hier nos enfants rêvaient de devenir fonctionnaires ? Demain ils rêveront de construire leur vie de manière autonome, sans rendre de comptes à personne, sinon à leur talent et à leur rage de gagner.

Ce choix collectif appelle des orientations politiques claires, pour définir un cadre économique et fiscal plus favorable.

La première des orientations concerne le code du travail. Année après année, nous en avons fait le marqueur du progrès social en France : plus il était lourd, plus il était long, plus il était complexe, plus la France devenait un modèle de progrès social. Nous avons mesuré notre vertu sociale à son nombre de pages ! Nous aurions dû la mesurer au nombre de chômeurs, de personnes sans emploi, de travailleurs précaires et de pauvres. Il est temps de rompre avec cette logique absurde. En réalité, le code du travail protège mal les salariés. Il désespère les entrepreneurs. Il crée du chômage. À des droits fictifs, je préfère des droits réels. À la complexité, je préfère la simplicité. À un texte unique pour tous, je préfère des dispositions adaptées à la réalité des situations locales. Nous pouvons adopter un code du travail raccourci, qui garantit à tous les salariés les protections les plus essentielles. Laissons ensuite aux accords collectifs le soin de définir dans le détail, en fonction des situations de chacun, les modalités de mise en œuvre.

« Vous voyez, j'embaucherais bien : mais je prends un risque trop important. Le gars, au bout de quelques mois, il fait mal son boulot, j'en fais quoi ? Impossible de s'en séparer. Ou alors il faut que je paie. » Roger Pellenc est un des derniers constructeurs français de machines agricoles. Dans son usine installée à Pertuis, il expose des tracteurs rutilants dont les pneus aux flancs noirs font la taille d'une maison, des enjambeurs, des outils spécialisés pour l'oléiculture, des petits instruments pour le travail du jardin, comme des sécateurs électriques. Il me fait essayer un de ses sécateurs sur un morceau de tuyau en caoutchouc : « Ça coupe, hein ? Faut faire attention ! » Il réajuste le col de sa chemise : « Le droit du travail, vraiment, pour une PME comme nous, c'est un sujet. Vous nous simplifiez ça, je vous assure qu'on embauche. » Même discours au Marché d'intérêt national de Nantes, chez un maraîcher qui emploie quarante-neuf salariés : « Bien sûr que je pourrais en avoir une dizaine de plus ! Je vous les embauche demain, si vous me supprimez les seuils. Demain ! Pour le moment, hors de question, je reste à quarante-neuf. Il faut que vous compreniez : je suis maraîcher, à la base. Mon métier, c'est de faire pousser des carottes et des laitues. C'est pas d'organiser des comités d'entreprise et de gérer de la paperasserie supplémentaire. » Combien sont-ils en France, ces artisans, patrons de PME, entrepreneurs, qui seraient prêts à donner du travail et que la complexité du code dissuade ? Quand aurons-nous le courage de laisser tomber les mesures cosmétiques pour reconstruire un droit plus juste et plus efficace ?

La seconde orientation touche la fiscalité. Nous avons une des fiscalités sur le capital les plus pénalisantes des pays développés. On peut même considérer comme un miracle, ou une exception, que des entreprises continuent de s'implanter et de se développer en France, quand elles doivent s'acquitter d'un impôt sur les sociétés aussi élevé, de taxes sur les dividendes qui ont été augmentées par les gouvernements de droite comme de gauche et de diverses taxes locales au nom souvent exotique, comme la taxe sur les enseignes, mais dont le montant ne prête pas à sourire. « Vous savez, me dit à son siège de Londres le président de l'entreprise pharmaceutique Glaxo, nous restons à Évreux parce que nous avons un bon outil de travail et des salariés compétents. Mais ne vous faites aucune illusion : avec le niveau de votre fiscalité, plus personne ne veut investir en France. Et sans investissements, vous le savez, on disparaît très vite. »

En 2017, dès la première année, nous devrons stabiliser le montant de l'impôt sur les sociétés, supprimer les taxes locales inutiles, fusionner les différents niveaux de taxation sur l'épargne et les réduire au taux unique de 25 % pour les investissements productifs. Nous devrons également supprimer l'ISF, qui touche des propriétaires de leur logement principal, provoque la fuite des capitaux de notre pays, pénalise les investissements et le risque, au profit de la rente et du placement dans les œuvres d'art.

Cadeau aux entreprises ? Cadeau aux riches ? Sortons de ces anathèmes qui nous empêchent de progresser depuis des années et qui en réalité nous ont appauvris. Pour se développer, une entreprise doit innover. Pour innover, elle doit investir. Pour investir, elle doit être profitable et ne pas perdre sa richesse dans une fiscalité confiscatoire. Ces principes simples ont fait le succès de nations bien moins armées que nous pour réussir dans la mondialisation. À nous de les reprendre pour réussir mieux. Ces changements devront être décidés dans les premiers mois et resteront inchangés.

La troisième orientation a trait aux charges sur le travail. Elles ont fortement diminué sur les bas salaires, mais elles restent trop élevées pour les salaires au-dessus de deux fois et demie le Smic et les dispositifs ne cessent de se superposer depuis des années. Est-ce pénalisant ? Oui, en particulier pour le secteur industriel, qui embauche de plus en plus de salariés qualifiés, et qui souffre de la concurrence avec nos grands voisins européens, Allemagne en tête. Dans la vallée de l'Arve, en Haute-Savoie, on trouve des spécialistes du décolletage installés là depuis la fin du XIXe siècle. Ils ont su adapter leur outil industriel. Ils ont investi. Ils ont robotisé la plupart des tâches autrefois dévolues à des ouvriers peu qualifiés. Ils ont su conquérir de nouvelles parts de marché dans des secteurs d'avenir, comme la santé, l'aéronautique ou l'horlogerie de luxe. Dans une des entreprises de la vallée, un salarié en blouse blanche me montre une roue dentelée de quelques millimètres de diamètre : « Ce sont des pièces de précision que nous sommes les seuls à savoir faire ou presque. Elles coûtent près de soixante-dix euros pièce. » Il en fait pivoter une entre son pouce et son majeur : « Elle finira dans un boîtier de montre de luxe, en Suisse. » Ces entreprises ont eu beau faire tous les efforts nécessaires, se regrouper, mutualiser leurs achats, elles ne pourront pas survivre, et une tradition industrielle de plus d'un siècle avec elles, si le coût du travail qualifié reste aussi élevé en France.

Même chose dans les industries aéronautique ou spatiale, qui sont pourtant des fleurons de notre économie nationale. À Vernon, dans la ville que Sébastien Lecornu a reprise en 2014 à la gauche, on fabrique des ressorts pour les moteurs Vulcain réalisés dans un alliage complexe, qui permettent de refermer une vanne de moteur en ascension sans aucune énergie disponible à bord du lanceur, par le seul élan mécanique d'une spirale. Aucune autre nation ne sait réaliser ces pièces. La France **perdra** cette compétence et les emplois qui vont avec si nous ne réduisons pas le coût du travail qualifié. Même chose encore pour l'industrie pharmaceutique, pour l'industrie des cosmétiques installée dans la région de Chartres. La France se désindustrialise ? Elle en est responsable. Nous ne pouvons pas garder une industrie de pointe, les trente-cinq heures, un code du travail toujours plus complexe et des prélèvements sociaux aussi élevés sur le travail qualifié. Il faut faire des choix. Nous garderons notre industrie si nous misons sur la robotisation et donc sur la profitabilité des entreprises. Nous développerons notre industrie si nous misons sur les emplois qualifiés, et donc si nous réduisons massivement la dépense publique pour parvenir à une réduction cohérente des charges sur tous les salaires.

Ne vous résignez pas !

Arrêtons de mentir et de faire croire que tout et son contraire est possible.

Tout est possible pour une nation qui décide de son avenir, pas pour une nation qui laisse son avenir décider pour elle.

21

Nous avons tant d'atouts ! Nous avons tant de forces ! Arrêtons de les gâcher en reportant les décisions nécessaires, que tous nos concurrents ont su prendre.

La qualité de nos infrastructures, la rigueur de notre administration, notre savoir-faire, nos formations de haut niveau malheureusement délaissées, il ne tient qu'à nous de les faire valoir en mettant en place un environnement économique plus porteur. Les responsables politiques ont toutes les cartes en main. Ils ont comme atout principal un peuple créatif, qui a su se saisir des outils de la révolution numérique. Partout en France, dans toutes les régions, j'ai rencontré de jeunes créateurs qui ont fait du numérique un levier pour créer des emplois et relancer des secteurs que nous pensions perdus à jamais.

Prenez le textile : voici une jeune femme qui a lancé il y a quelques années sa propre entreprise de vêtements pour femme enceinte. Elle produit sur commande dans des délais rapides, de quinze jours environ. Avec le digital, elle a réduit ses coûts de distribution. Elle achète son fil à Cambrai, réalise ses robes dans le Nord et à Lyon. Avec des dizaines d'entrepreneurs qui ont suivi la même voie, elle est en train de relancer le secteur du textile en France. Que voulons-nous ? Aider ces entreprises en développant partout en France l'accès au très haut débit, en facilitant l'accès au crédit, en simplifiant encore les démarches administratives ? Voulons-nous reproduire les erreurs du passé en pénalisant la création de richesses, ou les éviter en encourageant ces nouveaux entrepreneurs et en les laissant définir eux-mêmes ce qui demain apportera croissance et emplois à la France ?

À la grande halle de La Villette, dans les usines désaffectées de Montreuil, dans un hangar de Grenoble, dans mille endroits de notre territoire, mais aussi à New York ou dans la Silicon

Valley, à Shanghai, à Singapour ou à Tel-Aviv, dans les rencontres de Hello tomorrow ou de Futur en Seine, de jeunes entrepreneurs français apportent la preuve de leur créativité. Ladislas et Marie me présentent Moti, un robot sphérique utilisé comme outil relationnel pour accompagner les enfants autistes : « Les enfants s'y attachent. ils établissent une relation avec l'objet qui les aide ensuite à gagner en assurance. Moti les rassure. Il les fait progresser. » Les deux créateurs ont le même enthousiasme communicatif que Alexandre Malsch quand il me fait visiter les locaux de son groupe de médias Melty : « On a créé la boîte il y a huit ans. Vous voulez connaître le nombre de visiteurs ? Plus de trente-six millions par mois. » Le chiffre laisse rêveur. À Boulogne, au siège de Michel et Augustin, ce sont des dizaines de jeunes salariés qui vous font goûter les derniers produits, mousse au chocolat, jus de fruits, cookies et glaces, désormais commercialisés dans les Starbucks américains. Tous ces jeunes créateurs sont les successeurs de ces grandes aventures entrepreneuriales qui font la fierté de la France : Parrot et ses drones mondialement reconnus, Criteo, Dailymotion, Deezer ou Sigfox.

Ne nous demandons donc pas : avons-nous encore les talents ? Nous les avons, nous avons les ingénieurs, nous avons cet esprit créatif inépuisable qui fait notre force. Demandons-nous plutôt : pourquoi ne sont-ils pas plus nombreux à grandir, à conquérir des parts de marché en Europe et dans le monde, à devenir des géants respectés ? Supprimons les réglementations sectorielles inutiles. Favorisons le lancement de nouvelles expérimentations, plutôt que de laisser les pouvoirs publics définir autoritairement les secteurs porteurs. Et surtout : donnons à nos entrepreneurs les moyens de financer leur croissance. Notre épargne nationale doit être orientée massivement vers ces start-up qui créeront une partie de la richesse et des emplois de demain. Notre marché national est trop étroit ? Alors pourquoi ne prendrions-nous pas la tête de ce mouvement visant à harmoniser les règles européennes, pour que demain le marché européen soit unifié et favorise le développement à plus vaste échelle de nos entreprises ?

Nous avons des atouts, nous avons des domaines dans lesquels nous excellons.

Prenez les énergies renouvelables : de l'éolien en mer en passant par le solaire ou le biogaz, notre nation peut rattraper en quelques années son retard et devenir un des premiers pays européens dans ces domaines. Nous aurons du mal désormais à concurrencer la Chine en matière de fabrication des panneaux solaires. Mais rien ne nous interdit de développer les fermes solaires et de donner aux agriculteurs les moyens d'améliorer leurs revenus en équipant leurs exploitations avec des règles plus simples, et surtout plus stables. Ici encore, nous pouvons compter sur la force du peuple français. Il est prêt. Il a déjà changé. Il a tiré toutes les conséquences, dans son comportement comme dans ses attentes, du changement climatique. Il ne demande pas aux pouvoirs publics de prendre les décisions à sa place. Il demande juste de les faciliter et de fixer un cap. Si nous restons à la traîne des Allemands en matière de biogaz, ce ne sont pas les éleveurs qui en sont responsables, mais bien les tarifs de rachat du biogaz, qui ont trop fluctué, et les règles de raccordement, qui restent trop exigeantes et trop coûteuses. Faisons de ce défi environnemental non pas une contrainte, mais une chance pour notre nation : le moyen de rentrer de manière positive et volontariste dans le XXIe siècle, en conjuguant croissance, développement durable et nouveaux emplois.

Prenez la santé : notre nation reste en pointe dans toutes les technologies médicales les plus avancées. Nous sommes une grande nation de culture. Nous sommes aussi une grande nation scientifique. Nous avons développé en matière d'imagerie médicale, de robotisation des interventions, de détection précoce du cancer, de neurochirurgie, de cardiologie, des compétences de niveau mondial. Quoi de plus troublant que de discuter avec un des biologistes du Cancéropôle de Bordeaux, qui vous explique comment le décryptage du génome humain lui permet d'évaluer les risques de développement d'un cancer du sein pour une jeune femme de vingt ans, et par conséquent de le traiter avec plus d'efficacité ? Dans son bureau de directeur protégé du soleil par des volets à lamelles grises, je revois encore le visage de Josy Reiffers, émacié par la maladie, me précisant que demain nous pourrions prévoir avec encore plus de certitude les possibilités de développement des cancers, pour les stopper. Quoi de plus exceptionnel que cette aventure du professeur Alain Carpentier qui, après avoir inventé la première valve cardiaque, développe désormais le premier cœur artificiel autonome Carmat ? Quoi de plus performant et pointu que cet institut du cerveau et de la moelle épinière installé à l'hôpital de la Pitié-Salpêtrière à Paris, qui force les mystères du dernier grand inconnu de la médecine : le cerveau ?

Dans le numérique comme dans les énergies renouvelables ou la santé, avec tous les entrepreneurs de France, retrouvons cet esprit de conquête. Retrouvons ce goût de changer le monde et de créer des richesses, qui a toujours fait notre force. Tournons le dos à une France en lustrine pour construire une France qui se retrousse les manches, qui travaille et qui crée.

Retrouvons tout simplement notre puissance économique.

22

Car puissance économique et puissance politique vont de pair.

Si notre voix porte si peu désormais en Europe, nous le devons à notre affaiblissement depuis des années. On nous reproche notre arrogance ? Notre arrogance est le fait de responsables politiques qui croient pouvoir diriger les autres nations européennes, quand ils ne savent pas conduire leur propre nation ! Avec des millions de chômeurs, une croissance en berne, un commerce extérieur déficitaire et une dette toujours plus lourde, plus personne ne vous écoute, plus personne ne vous respecte.

Demain nous aurons rétabli notre économie, et avec elle notre influence. Nous pourrons étendre notre esprit de conquête à la construction européenne.

Où allons-nous en Europe ? Nulle part.

Que peut une France faible dans cette Europe ? Rien.

Que peut une Europe forte avec la France ? Tout.

Alors ne laissons pas le projet de Bruxelles errer plus longtemps sans cap ni boussole. Coupons court à cette impuissance généralisée que nous opposons aux drames du monde, immigration illégale, réfugiés, menace islamiste, et qui font le jeu des extrêmes partout en Europe. La routine technocratique ne peut pas tenir lieu plus longtemps de seule vision. La production de normes nouvelles ne fera jamais rêver les millions de jeunes Européens, pas plus que la paix, qui est leur lot naturel. Un ennui démocratique a gagné le débat européen, tout simplement parce que le débat est clos, que les jeux sont faits, que rien de neuf ne semble possible, que le fatalisme court les couloirs de Bruxelles comme un mauvais génie du désespoir.

Les Parlements nationaux ne se sont pas saisis de la construction européenne, qui appartient tout entière soit aux gouvernements, soit à la Commission, soit à un Parlement européen dont personne en Europe ne connaît ni le fonctionnement ni la composition. Les peuples dans tout cela ? Les peuples sont ignorés, par conséquent les peuples se vengent. On peut toujours rêver que la machine européenne accouchera demain de je ne sais quelle structure supranationale qui rangera les nations au rang des accessoires : je ne le crois pas, je ne le souhaite pas. Faisons atterrir les grands rêves, redonnons la parole aux peuples par la voix de leurs représentants nationaux ou en les consultant directement sur les grandes orientations de la construction européenne.

Nous voulons une Europe avec des frontières, nous ne voulons plus de cet élargissement sans fin qui a affaibli notre projet politique : dans une négociation qui dure depuis trop longtemps, trouvons une voie de sortie honorable pour la Turquie, qui lui permette de travailler en bonne intelligence avec les autres nations européennes, sans en devenir une. Tant de sujets nous concernent : le développement commercial, les relations avec les États arabes, les accords de défense, la gestion des flux migratoires. Pourquoi ne pas nous concentrer sur ces sujets concrets, plutôt que sur un processus politique sans fin ? Nous voulons une Europe qui protège ses frontières, sans quoi les frontières ne sont plus que des lignes sur des cartes et non des protections contre les menaces. Est-ce vraiment hors de notre portée de mettre en place un contrôle commun de nos frontières extérieures, avec une police efficace, des dispositifs judiciaires de relevé des identités, des contrôles stricts ? Schengen était un atout, Schengen est désormais un risque : transformons Schengen, excluons les États qui ne respectent pas les règles et qui affaiblissent les autres, mettons notre énergie à contenir les risques extérieurs, plutôt que de faciliter toujours plus les déplacements intérieurs.

Nous voulons une Europe qui avance, pas une Europe qui stagne : toutes les nations qui ont mis en commun leur monnaie ont fait un effort historique, qui est mal payé de retour. Soit nous abandonnons cette monnaie, soit nous la dotons des instruments pour réussir. Rester au milieu du gué comme nous le faisons depuis des années est la pire des solutions et nous expose à de mauvaises surprises. Fixons-nous de nouveaux objectifs, à atteindre en cinq ans : une fiscalité convergente, un secrétaire général de la zone euro chargé de vérifier la compatibilité des politiques économiques entre elles. Laissons la liberté aux nations qui ne veulent pas nous suivre dans cette voie de sortie de la zone euro. Prenons des décisions politiques : installons le siège de la zone euro à Strasbourg. Il faut une capitale à la zone euro : je la souhaite en France.

Nous voulons une Europe qui regarde devant elle et fasse jeu égal avec les grandes puissances du monde : Galileo est une des plus belles aventures spatiales lancées par les Européens. Dans quelques années, nous aurons à notre disposition un réseau satellitaire plus performant que le GPS américain, qui garantira notre indépendance en matière de géolocalisation. En matière économique, le numérique est notre plus grand défi contemporain. Les données européennes doivent revenir sous le contrôle des nations européennes. Des champions européens du numérique doivent émerger, sans être entravés par un droit de la concurrence qui, sous couvert de servir la compétition et la baisse des prix, sert surtout nos concurrents industriels étrangers.

Nous voulons une Europe qui nous protège avec efficacité : la défense européenne doit rester notre objectif. Mais nos partenaires sont encore trop réticents, en particulier notre partenaire britannique. Privilégions donc les résultats concrets aux grandes déclarations sans suite : France, Grande-Bretagne et Allemagne pourraient renforcer leur coopération militaire en mettant en commun les différents atouts de leurs armées respectives et en constituant des forces dédiées pour intervenir contre les menaces les plus imminentes, en particulier la menace terroriste.

Il faut un nouvel acte fondateur à la construction européenne. Pas une constitution. Pas un référendum de tous les États membres. Simplement le choix souverain de quelques États de se rassembler pour avancer dans les directions précédentes, en laissant à tous les autres la liberté de les quitter, ou de les rejoindre.

23

En juin dernier, je me suis rendu au Liban avec le député Élie Aboud, le président du conseil départemental de l'Eure, Sébastien Lecornu, et un membre de mon équipe, désormais conseiller régional, Charles Sitzenstuhl. Nous y avons passé trois jours, rencontré les soldats français de la Finul, des personnalités politiques et religieuses, des chefs d'entreprise.

À une quarantaine de kilomètres de Beyrouth, dans la plaine de la Bekaa, se trouve la ville chrétienne de Zahlé, qui accueille désormais des milliers de réfugiés venus de la Syrie voisine. Nous nous sommes rendus dans un de ces camps de réfugiés, escortés par une dizaine de militaires nerveux, le doigt sur la gâchette, les lunettes de soleil vissées sous leur casquette, et qui après

chaque halte nous poussaient le plus rapidement possible dans nos 4 × 4 noirs. Nous avons
vu les baraquements en tôle. Nous avons vu les
femmes sur le pas des portes qui nous mon-
traient les pièces vides et les paillasses sur la terre
battue. Nous avons vu le regard sans éclat des
enfants, qui couraient un peu partout autour
de nous, en agitant des drapeaux du Cèdre et
des drapeaux tricolores, certains brandissant
des affichettes : « Vive la France ! », pays que la
plupart d'entre eux ne connaîtraient sans doute
jamais. Quelle serait leur existence demain ? Un
des responsables du camp nous a montré les
collines avoisinantes : « L'État islamique a pris
position là. Ils font des incursions régulières.
L'armée nous protège. Mais aussi le Hezbollah,
il faut reconnaître. » Le patriarche maronite qui
nous accompagnait a acquiescé en replaçant sa
croix pectorale sur son surplis blanc cassé. « Il
faut que la France nous protège plus. Il faut
nous débarrasser de cet État islamique. Ce sera
eux, ou nous, les chrétiens. Vous avez compris ?
Eux, ou nous. »

Deux mois plus tard, en septembre, nous
étions reçus par le Premier ministre israélien

à Jérusalem. Dans sa résidence privée, sous un tableau de paysage en bleu et jaune, il nous tint exactement le même discours : « Vous sous-estimez la menace de l'État islamique. Vous avez été touchés par des attentats meurtriers au début de l'année. Vous en connaîtrez d'autres. Vous devez mieux vous défendre. » Quand je lui parlai de l'Europe, il sourit, s'enfonça dans le canapé en tissu beige : « L'Europe ? Mais il n'y a pas d'Europe ! Vous êtes entourés de tigres et vous vous comportez comme des agneaux. » Le lendemain, le président de l'Autorité palestinienne Mahmoud Abbas nous mettait aussi en garde contre l'extension du mouvement islamiste dans la bande de Gaza et nous disait sa détermination à le combattre.

Notre esprit de conquête doit aussi être un esprit de résistance. La menace islamiste doit amener la France à retrouver un rôle de premier plan sur la scène internationale. Parce qu'elle est la première visée. Parce que son histoire et sa géographie lui donnent la légitimité pour proposer une vision globale de l'avenir du Moyen-Orient. La réponse militaire est indispensable, mais elle ne suffira pas. Pourquoi du reste avoir perdu tant de temps à désigner l'ennemi, l'État islamique, depuis 2014 ? La France doit poursuivre son engagement militaire. Mais il est temps qu'elle l'accompagne de propositions politiques sur la place des sunnites en Irak et en Syrie, sans laisser aux Russes et aux Américains le monopole des discussions. Il est temps que nous tirions toutes les conséquences de cette nouvelle donne stratégique sur nos relations diplomatiques avec les États du Golfe, Arabie saoudite et Qatar notamment. Nous ne pouvons plus tolérer la moindre ambiguïté dans les relations de ces États avec les mouvances islamistes. Comment comprendre que nous fassions la guerre aux uns et que nous tolérions les complicités des autres ? Il n'y a pas d'islamisme radical ou d'islamisme modéré : il n'y a qu'un seul islamisme, qui porte un projet de société incompatible avec nos principes et avec nos intérêts. À l'inverse, le peuple tunisien montre courageusement que la démocratie peut être dans la région une alternative crédible. Sortons de cette erreur tragique de ces dernières années, qui nous a amenés à transiger, sur notre sol comme ailleurs, avec des valeurs qui ne sont pas les nôtres.

Le monde contemporain appelle la France. Ne le décevons pas. Montrons-nous à la hauteur des espérances qui sont placées en nous !

24

Finissons par ce qui nous rendra la France :
notre culture.

Au cours du quinquennat précédent, un
débat avait été organisé sur l'identité nationale. Sa mise en œuvre a été un échec. Pourquoi ? Parce que ce débat a été organisé dans les
préfectures : elles ne se prêtent pas à ce genre
d'exercice et ce n'est pas leur mission ! Parce
que, très vite, il a tourné à la querelle sur la
bonne ou la mauvaise intégration des uns et des
autres, si bien que des millions de nos compatriotes ont eu le sentiment que cet exercice était
dirigé contre eux. Parce que, surtout, il ne peut
pas y avoir de débat sur notre identité. On est
français ou on ne l'est pas. La carte d'identité
suffit à l'établir. On est français avec ses droits
et ses devoirs, et les droits et les devoirs de

chaque citoyen sont les mêmes pour tous : ils sont définis par la loi votée par les représentants du peuple, et garantis par notre Constitution. Si nous voulons donner de nouveaux droits, il suffit de voter de nouvelles lois. Si nous voulons de nouvelles garanties, il faut modifier notre Constitution. C'est pourquoi un ministère de la Culture a du sens, un ministère de l'Identité nationale, non.

Nous connaissons notre identité. En revanche, nous avons délaissé notre culture. Délaissant notre culture, nous avons divorcé de notre nation. Cet affaissement culturel est selon moi la première cause de notre affaissement tout court. Notre culture, ce sont des principes qui nous distinguent des autres nations et qui nous rassemblent. Personne ne peut les discuter. Personne ne devrait pouvoir les remettre en cause.

La laïcité est ainsi une singularité de la France. Elle est le produit de notre histoire, qui a connu des affrontements sanglants au nom des dogmes religieux. Elle est aussi un principe sans lequel nous ne pouvons plus vivre en paix ensemble. Par conséquent, je ne me résigne pas aux accommodements raisonnables avec ce principe, qui très vite conduisent à laisser les religions prendre le pas sur la loi républicaine et perturber notre société. Certains estiment que la laïcité est dépassée, et que nous devrions la faire évoluer : je crois au contraire que jamais elle n'a été aussi précieuse, jamais elle n'a été aussi moderne. Elle est un rempart contre le fondamentalisme, elle est un obstacle aux menées de tous ceux qui confondent projet politique et projet religieux, projet de société et projet de vie personnelle.

La dernière religion à être arrivée en France est l'islam. Je ne suis pas théologien, je suis un responsable politique. Je ne suis pas en mesure de disputer la vérité des consciences et des textes religieux. Je me refuse à le faire. Mon rôle est de garantir la liberté de croire et de pratiquer leur culte à ceux qui croient, comme de garantir à ceux qui doutent ou qui ne se reconnaissent dans aucune religion la liberté de ne pas croire. La condition pour que l'islam trouve sa place en France est que tous les musulmans français, sans exception, se disent citoyens français avant de se dire musulmans et que tous les citoyens

français ne voient dans les Français musulmans, sans exception, que des compatriotes. La
citoyenneté doit effacer les différences de religion, elle doit même les oublier.

L'égalité entre les femmes et les hommes
est un autre principe fondamental de notre
nation. C'est un combat de tous les instants,
contre des préjugés profonds, contre les cli-
chés qui persistent, contre les réflexes faciles,
contre un humour déplacé qui blesse. Il faut
combattre les reculs toujours possibles, en particulier dans la représentation politique. Il faut
combattre les changements de surface, qui ne
remettent pas en cause les vraies citadelles du
pouvoir : très bien que la parité soit instituée
dans les conseils d'administration des grandes
entreprises, mais pourquoi, dans les comités
exécutifs, la représentation des femmes reste-
t-elle aussi timide ? La bataille pour l'égalité
salariale et pour une réelle égalité dans la pro-
gression de carrière, la prise en compte des difficultés à concilier charges de famille et carrière,
autant de combats que nous devons mener au
nom de notre culture. La France est féminine.
La France est Marianne. La France est abîmée

à chaque attaque, à chaque violence contre les femmes. La France est grandie quand elle fait aux femmes toute leur place.

Il faut combattre les reculs insidieux dans les us et coutumes aussi bien que les propos délibérément agressifs. Quand un ministre de l'Intérieur se dit impuissant face aux propos injurieux contre les femmes tenus par un imam à Brest, son impuissance est celle de la nation tout entière. Liberté d'expression ne veut pas dire liberté d'insulter. Liberté de critiquer ne signifie pas que chacun peut s'en prendre délibérément à son voisin, pour le rabaisser, l'humilier, le punir.

Notre culture est notre force.

Notre culture est notre puissance, parce que toutes les nations du monde respectent notre culture nationale. Du vin au cinéma, de la gastronomie aux climats de Bourgogne, de notre architecture à notre peinture, de nos écrivains à nos intellectuels, de la haute couture à notre artisanat, la France vit dans les réalisations de tous ceux qui expriment, exportent et exaltent notre culture. Sortir de soi : voilà ce que notre culture donne à chacun de nous. Dépasser nos frontières : voilà ce que notre culture donne à notre nation.

À New York, un soir de printemps, une vieille femme assise sur un banc de Times Square engagea la conversation avec ma femme Pauline qui donnait son biberon à notre fils de six mois. Elles se parlaient doucement. Quand je demandai à Pauline de quoi elles avaient pu discuter aussi longuement, elle me répondit : « On a parlé des choses de la vie. » Son visage lui était familier mais elle ne la reconnut que bien plus tard, un jour où nous la vîmes descendre les escaliers de je ne sais plus quel musée, voûtée, la démarche hésitante, toute frêle dans son manteau à longs poils noirs, avec sa canne fine qui cliquetait sur le marbre. « Regardez, nous dit un visiteur, regardez ! Louise Bourgeois ! » À New York, Pauline avait parlé des choses de la vie avec une artiste de près de quatre-vingt-dix ans, née à Paris, dont les araignées géantes en bronze donnaient figure aux hantises de la naissance, comme si, pour elle, nous étions tous nés entre ces pattes pointues, hautes, squelettiques et griffues, dont rien ne viendrait jamais nous délivrer. La même artiste qui devait ensuite mouler les mains de petits enfants, en gardant dans leur paume la chaleur de leur émotion. Louise Bourgeois mourut quelques mois plus tard. Une parmi des milliers, avec sans doute un peu de talent supplémentaire, elle était notre fierté, elle était notre culture.

Voilà ce qui nous rassemble. De tous les étonnements que peut susciter la France, le plus grand tient à ce rassemblement dans la même nation, dans les mêmes émotions et dans la même langue, de personnes séparées parfois par des milliers de kilomètres et des histoires différentes. En Guadeloupe, un pêcheur de l'Anse-Bertrand vient à ma rencontre, un petit chapeau de paille sur la tête : « Monsieur le ministre, il faut que vous fassiez quelque chose contre les sargasses. Les sargasses, elles envahissent les palétuviers, elles privent les petits poissons de leur oxygène, ils grandissent plus et ils meurent. Nous, au large, on n'a plus rien à pêcher. » Il plisse des yeux ridés par le soleil : « Mon grand-père pêchait, mon arrière-grand-père pêchait, la pêche est notre métier. Plus personne vient discuter avec les pêcheurs, monsieur le ministre, plus personne. » Un éclat dans son regard : « La pêche, elle nous a rendus libres. » Ce descendant d'une famille d'esclaves devenus libres discutait avec moi, descendant de vieilles familles provinciales, des problèmes de pêche en Guadeloupe, utilisant sans le savoir dans son sentiment d'abandon les mêmes mots que les pêcheurs de l'île d'Yeu, le jour où je leur annonçais la fin de la pêche au requin : « C'est notre vie, monsieur le ministre, la pêche au requin, c'est la vie de l'île et notre seule liberté. » Par-delà les océans et les mémoires, chacun trouvait des mots semblables, dans ce désir féroce et si beau de liberté.

Des années plus tard, je me rendis à Futuna, après des heures de vol interminables entre Paris et Osaka, Osaka et Nouméa, Nouméa et Fidji, Fidji et Wallis, Wallis et Futuna, que je pensais collées l'une à l'autre comme des îles jumelles, quand il faut encore une heure d'un petit avion baptisé *Ville de Paris*, en hommage à Jacques Chirac qui en fit cadeau, pour deviner un ruban de béton posé au bord du récif d'un bleu intense et atterrir par petits bonds maladroits sur ce confetti du Pacifique. Avec mon directeur de campagne, Jérôme Grand d'Esnon, nous allâmes directement rendre visite au roi. Il nous accueillit au milieu des chefs coutumiers, dans une grande salle vide. Un interprète traduisait mes propos, que le roi, trahi par la mobilité de son regard, comprenait très bien. Il prit la parole pour me faire état des problèmes de l'île, l'absence d'eau potable, la difficulté des liaisons, l'unique route en si mauvais état, dégradée par les cyclones et les éboulements de terrain, puis il se tut. Il eut un regard circulaire sur la dizaine de personnes qui assistaient à la cérémonie. Il demanda qu'on nous serve le kava. Il ajouta : « La République nous doit cela. » Et comme s'il pouvait y avoir un doute sur le sujet : « Nous sommes français. »

Nous sommes français, comme le sont les Mélanésiens de Nouvelle-Calédonie, qui considèrent la terre comme sacrée et vénèrent les esprits repliés dans les racines des palétuviers. Comme le sont les Hmongs, qui ont combattu au Laos à nos côtés, cultivent désormais la terre et me disent un soir en Guyane, sous une lampe qui affole une nuée de moustiques coriaces comme des taons : « Nous sommes si fiers de notre nationalité. » Nous sommes français, comme le sont les Amérindiens, comme le sont les descendants des populations indiennes de La Réunion, comme le sont des centaines de milliers de nos compatriotes partout dans le monde.

Nous sommes un peuple de croisements et de rencontres. Nous sommes un peuple de la terre qui a hérité de vastes étendues sur des océans et dont la souveraineté touche les océans Pacifique et Atlantique, le large des côtes africaines, le grand Nord. Nous sommes un peuple qui dans son histoire la plus reculée a connu la domination romaine puis le christianisme et accueille désormais sur son sol une immigration maghrébine importante. Nous sommes un peuple qui a colonisé et décolonisé, dans la paix ou dans la violence. Nous sommes un peuple dont les régions ont des traditions, des coutumes, parfois des langues, qui méritent le respect. On peut nier cette diversité. On peut la regretter. On peut construire un peuple sur des fantasmes plutôt que sur la réalité. Il est plus sage de regarder cette réalité en face et de lui donner son unité et son élan.

Parce que nous sommes ce peuple si singulier, nous avons besoin de notre culture pour nous rassembler. Sans notre culture, nous nous disperserons et nous nous diviserons. Nous sombrerons dans un multiculturalisme béat, qui met sur le même pied toutes les cultures, tous les traits culturels, la moindre manifestation de singularité et interdit finalement à une nation de se proclamer comme nation.

Nous avons une mémoire nationale et notre mémoire est aussi notre culture.

Nous sommes le produit de cette mémoire, qui a ses traits immuables et ses évolutions lentes.

Plus que jamais nous devons rappeler ces traits, pour que les générations à venir disposent du recul nécessaire et ne renouvellent pas les erreurs des générations passées. Pour que nos enfants puissent rêver. Pour que nos enfants puissent être fiers de la France et la désirer. Quelle nation serait désirable, qui ne respecterait pas sa propre histoire ? Il est inutile de tout connaître du Roi-Soleil pour comprendre Louis XIV, de savoir qui est Bonaparte pour apprécier l'Empereur, de se rappeler le général de Gaulle pour sa seule stature et les deux étoiles de son képi. Mais il est utile, il est même indispensable, de se rappeler que la France a inventé et connu la monarchie absolue, avec ses triomphes dans les arts, ses déceptions dans les guerres et ses excès dans les dépenses, il est utile de se rappeler le destin que la France a donné à l'un de ses enfants corses qui jouait dans les collines de Bonifacio et qui a mûri dans le froid de Brienne son appétit de gloire, il est utile de ne jamais oublier que pour notre dignité à tous, un homme, seul, a suffisamment cru en lui et dans notre nation pour partir à Londres, se dresser et déclamer d'une voix sourde sur des ondes que personne ne pouvait écouter : « La France a perdu une bataille, elle n'a pas perdu la guerre. »

Il est inutile de citer Voltaire, Rimbaud, Proust ou Céline pour le seul plaisir de les citer. Il est utile, il est même indispensable, de se rappeler que notre esprit critique tient tout entier dans les sarcasmes de Voltaire et dans son ironie mordante, qui met à bas les certitudes, les dogmes, les facilités de la pensée et les petits arrangements avec la vérité. Il est utile, il est surtout si tendre de porter un peu de Rimbaud en soi pour ne pas comprendre et se laisser bercer : « Elle est retrouvée. Quoi ? – L'Éternité. C'est la mer allée avec le soleil. » Il est utile de se perdre dans les méandres du monde de Proust et dans sa langue qui vous obsède, pour mesurer que notre langue commune porte en elle des univers entiers. Il est utile de se rappeler les fulgurances de Céline et son égarement.

Il est utile de faire vivre notre littérature parce que notre littérature dénoue tout ce que nous avons de prisonnier, de petit, de mesquin en nous et nous donne la liberté contre le pouvoir. Parce que surtout nous sommes une patrie littéraire, qui raconte son histoire dans les mots. Où chacun trouve dans les mots la traduction de ses inquiétudes et de ses rêves. La mère qui fait bâtir des barrages inutiles contre le Pacifique, que la marée renversera, elle est toutes ces mères qui résistent et qui se battent et qui jusque dans le désespoir ne baissent pas les bras, elle est la volonté contre la résignation. Elle est comme un instantané en noir et blanc de nos idées les plus folles, qui pourtant nous font vivre : « Comme quoi une idée est toujours une bonne idée, du moment qu'elle fait faire quelque chose, même si tout est entrepris de travers, par exemple avec des chevaux moribonds. Comme quoi une idée de ce genre est toujours une bonne idée, même si tout échoue lamentablement, parce qu'alors il arrive au moins qu'on finisse par devenir impatient, comme on ne le serait jamais devenu si on avait commencé par penser que les idées qu'on avait étaient de mauvaises idées. »

Nous sommes cette culture avec son poids de plomb et la légèreté que donne la possibilité de pouvoir toujours tout recommencer. Nous sommes ce passé qui fait notre nation. Le passé ne doit pas nous écraser. Le passé est une partie de ce que nous sommes. Il porte toujours la trace de ce que nous pourrons devenir. Ces jeunes créateurs qui inventent, qui innovent, qui font pousser leur entreprise partout dans le monde, ils sont les héritiers de ces aventuriers qui partaient hier à la conquête de continents nouveaux. Ces architectes qui transforment les visages des villes en Afrique, en Amérique et en Asie, ils sont les descendants des Vauban et des tailleurs de pierre qui modelaient autrefois les cités militaires et religieuses. Ces chefs reconnus, qui révolutionnent la cuisine et défendent la qualité des produits contre la complication des recettes, ils se mettent dans les pas d'Antonin Carême, qui fit pour Talleyrand, en 1803, une année entière de menus de produits de saison. Nous sommes un peuple de création. Notre culture crée, parce que notre culture doute. Notre culture invente, parce qu'elle ne se satisfait jamais de ce qui existe.

Notre culture nous poussera donc en avant.

Notre culture nous libérera.

Ne la considérons pas comme un accessoire, mais au contraire comme le moteur de notre avenir. Ne la regardons pas comme un coût pour la nation, mais comme le meilleur ambassadeur de notre influence dans le monde : la francophonie est un espace de culture, elle peut devenir demain, si nous le décidons, un espace économique, avec ses propres règles et des avantages particuliers. Ne nous résignons jamais à ces produits formatés et identiques que les tenants de la libéralisation à outrance des marchés voudraient nous imposer ! Ne cédons pas aux critiques contre notre modèle de financement du cinéma ! Il nous a permis de garder un cinéma vivant, quand tombaient en poussière en Italie les décors de rêve de Cinecittà. Ne laissons pas les discours subtils des intégristes gagner du terrain sur les discours de la raison ! Nous sommes un peuple de raison. Nous trouverons dans la raison le meilleur antidote au poison de la radicalisation.

Pour gagner ce combat, la politique ne peut plus se limiter à un échange entre techniciens plus ou moins aguerris, qui se font de la France une vision comptable et qui ne pensent que chiffres et audiences. La politique doit retrouver sa spiritualité. La politique est un absolu. Elle se juge à partir du courage, du comportement, de la dignité et de la vision de ceux qui la font. Elle se juge dans sa clarté et dans sa constance. Il faut évidemment des résultats pour réconcilier les citoyens avec la politique : la baisse du chômage, le renforcement de la sécurité, la réussite des plus modestes sont des impératifs.

Mais des résultats ne suffiront pas.

La France demande davantage. Elle se meurt de technique et elle réclame un idéal. Elle veut se retrouver comme peuple, pas seulement comme un agrégat de communautés égales mais séparées. Elle veut écrire son histoire, qui lui donne une direction et un but à atteindre.

Elle veut se vivre comme nation – la grande nation. Et c'est à cette nation que j'appartiens.

25

Je suis né un 15 avril 1969, tôt le matin, dans une des villes les plus bourgeoises de France, où ma grand-mère maternelle avait élu domicile à la mort de son mari. Parmi mes premiers souvenirs figurent le balcon de son appartement, au cinquième étage, un balcon très étroit et légèrement en pente qui donnait le vertige. Avec mon frère aîné, de ce balcon un peu branlant, nous nous amusions à jeter nos jouets sur la rampe en béton strié du garage, où passaient lentement les voitures. Mon arrière-grand-mère maternelle était brésilienne. Elle souriait sans cesse et montrait ses dents abîmées par le tabac. Avec ses doigts nerveux et fins, une fois posé son fume-cigarettes en corne, elle jouait avec son éternel collier de perles grises et continuait de sourire.

Sa fille avait hérité de son sourire, de sa joie de vivre, de son excentricité et de son amour des enfants, les siens, ceux de sa fille et de son fils. Elle disait : « Les enfants sont la seule magie. » Femmes de la droite catholique provinciale et aristocratique, dont une partie de la famille vénérait le général de Gaulle, une autre le haïssait pour avoir lâché Alger, où était né mon grand-père maternel. Le dimanche, ma grand-mère invitait à déjeuner trois tantes, Suzie, Thérèse et Odette. Odette affichait toujours un visage rayonnant de joie, sans que personne sache très bien pourquoi. Dans son regard bleu liquide passait parfois comme un frisson, qui contractait son œil, lui donnant la transparence de la glace, puis une seconde après, elle retrouvait sa joie naturelle et des filaments mauves remontaient flotter à la surface de ses pupilles, qui se dilataient comme deux anémones. Plus tard, ses égarements ont pris le dessus. Elle a été ma première rencontre avec la fragilité des êtres, que les enfants ignorent.

Odette possédait une petite maison en Normandie. Aux vacances de Pâques et de la Toussaint, ma grand-mère nous y emmenait en voiture avec mes quatre frères et ma sœur, nous obligeant à sortir tous les jours dans le jardin, malgré le froid mordant et la pluie glacée qui nous piquait les joues : « Dehors ! Dehors les enfants ! Prenez l'air, il n'a jamais fait de mal à personne ! » Nous marchions des heures dans la forêt de Lyons, cette hêtraie où coule une lumière verte le long des troncs lisses et espacés. Après les vacances, je retrouvais le collège jésuite de Saint-Louis-de-Gonzague, où j'ai passé douze ans. Les jésuites m'ont inculqué le sens de la discipline et du discernement. Leur enseignement m'a été précieux.

Mes grands-parents paternels venaient de Lille, un autre morceau de France que je connaissais moins à l'époque. Ils étaient la discrétion et la tenue mêmes, dans leurs vêtements comme dans leurs habitudes, ils parlaient peu, ne transigeaient pas avec les bonnes manières. Couple de la droite bourgeoise urbaine, qui avait ses valeurs et se disait libérale, tant que la Bourse ne chahutait pas trop. Mon grand-père peignait. Il avait un vrai talent. Il était sans doute le plus original des deux. Il avait fait la guerre, avait été prisonnier en Allemagne. Après sa mort, nous allions rendre visite à ma grand-mère rue Émile-Meunier, à Paris, dans un appartement immense et sombre, dont la plupart des pièces restaient fermées, les meubles recouverts de housses blanches. À la fin de l'été, elle invitait toute notre famille à dîner. Elle nous servait un jambon sauce madère, le plat préféré de son fils, du fromage à pâte dure, des fraises. « Allez ! Tu reprendras bien un peu de jambon ? » Je n'en reprenais jamais, je n'avais qu'une hâte, me lever de table, courir à toutes jambes dans cette entrée dont le parquet grinçait si fort, claquer la porte d'entrée et me retrouver à l'air libre.

Je ne me souviens pas de sa mort. Je me rappelle celle de ma grand-mère maternelle et la peur qui m'avait saisi en l'apprenant, une peur panique, de comprendre pour la première fois que la vie pouvait finir, et surtout la vie de ceux qu'on aime. Elle m'avait appris à lire. Je lui ai été fidèle en continuant à lire, partout, tout le temps. « Lire te rendra libre, disait-elle, et te sortira de ce à quoi tu es destiné. » Elle avait raison. Lire vous donne des rêves qu'il faut bien accomplir ensuite. Lire vous rend libre de vos choix et de vos révoltes. Enfermé dans mon seizième arrondissement, je mesurais la chance qui était la mienne. Pourquoi m'était réservé ce qui n'était pas offert à d'autres : les bons lycées, la culture, les meilleures filières ? Sous cette injustice, je sentais de la violence : la violence des mots que je devais entendre par la suite dans mes déplacements en France et qui résonnent en moi à chaque instant de mon parcours politique. Les mots de ceux qui souffrent. Les mots de ceux qui se battent pour réussir et que notre nation aide si peu. Ce combat pour que chacun réussisse à raison de ses talents, et non de son lieu de naissance, est mon combat.

J'ai étudié. J'ai consacré à mes études presque tout mon temps, excepté celui réservé au sport, aux amis et à Stéphanie dont les cheveux si fins accrochaient la poussière du soleil dans la salle de classe. Je n'avais pas de mérite : apprendre a toujours été mon plus grand plaisir, apprendre avec les autres, avec les morts qui vous ont laissé leurs savoirs et avec les vivants qui vous le transmettent, dans un mélange de solitude et de complicité intellectuelle. En 1989, je suis entré à l'École normale supérieure. J'ai été si surpris de ce résultat que parfois je crois avoir rêvé lire mon nom parmi les autres noms inscrits en minuscule sur la petite feuille de papier, qui en comportait quarante-quatre, à la grille de la rue d'Ulm. Ce succès m'a donné l'émancipation que je cherchais depuis des années. J'ai toujours redouté de me retrouver enfermé dans un milieu social, dans un mode de pensée, dans des certitudes, j'aime la confrontation des idées, je considère qu'il y a toujours quelque chose de juste ou de nécessaire dans celui qui ne pense pas comme vous. L'École normale supérieure n'a pas changé mes origines, elle m'en a libéré.

En 1993, je passai mon agrégation de lettres. J'ai voyagé. J'ai enseigné. Enseigner a été mon premier métier et sans doute le plus noble. Quoi de plus utile que de montrer comment la connaissance vous fortifie, vous ouvre et vous console ? Admirer est dans ma nature : un écrivain, un lieu, une musique, une vie réussie. Faire partager mes admirations aussi. Un an plus tard, je faisais mes classes à Montélimar, dans un régiment de transmission. Un matin de décembre, dans la cour enneigée de la caserne, alors que je remontais mon Famas, je fis un faux mouvement et envoyai à trois mètres une minuscule pièce en acier montée sur ressort. Impossible de la retrouver dans la neige. Le sergent s'approcha de moi, les deux pouces coincés dans le ceinturon. Son béret m'arrivait à peine à la hauteur de la poitrine. Il leva les yeux vers moi et avec un accent chantant, il eut cette sentence définitive : « Le Maire, non seulement vous êtes grand, mais en plus vous êtes con ! »

En 1995, au premier tour de l'élection présidentielle, je votai sans hésiter pour Jacques Chirac, mon père pour Édouard Balladur. Entre ma famille maternelle et ma famille paternelle, je porte en moi toutes les droites, la droite orléaniste et libérale, la droite gaulliste et bonapartiste, la droite plus à droite qui rejetait de Gaulle et à laquelle je me suis toujours farouchement opposé.

Faire de la politique sans idéal ? Plutôt renoncer. Mon idéal est la France, cette nation qui se soulève pour une injustice, qui se querelle pour un rien et qui se rassemble pour sa liberté.

Au final, je me suis toujours senti avant tout français.

26

Puis mon père est tombé malade.

Au début, les médecins parlaient de problème pulmonaire. Un été, il est resté couché, ne se levant que pour aller faire des examens à la clinique de Saint-Jean-de-Luz ou à l'hôpital de Bayonne, qui ne donnaient rien. L'été suivant, il n'est pas venu. Il téléphonait : « Vous allez bien ? Moi je m'ennuie un peu mais je prends des forces pour l'année prochaine. » À la rentrée, un médecin de l'hôpital Foch de Suresnes lui a diagnostiqué un cancer du cerveau et lui a donné trois à six mois à vivre. Il était trop tard pour une intervention chirurgicale. Il a rapidement perdu ses facultés mentales, il délirait, il errait en pantoufles dans les couloirs de l'appartement de l'avenue d'Eylau, il appelait sa femme : « Viviane ! Tu es où, Viviane ? »

Il est mort en octobre. Il ne nous a rien laissé en héritage, sinon une culture et une éducation, qui sont, avec la santé, les deux armes les plus précieuses pour se tenir debout. Je ne suis pas un homme d'argent. Je sais combien l'argent est nécessaire pour exister avec dignité, je respecte ceux qui en gagnent beaucoup, mais je n'en cherche pas davantage que ce qui me permet de garantir cette dignité à ma famille. On dit que la mort de son père vous laisse seul face à votre propre mort. Vous êtes le suivant. Je ne crois pas. Je crois que vous portez votre mort en vous depuis le premier jour et qu'elle vous rend responsable de votre vie.

J'aime la vie. J'aime la vie plus que tout. Je la vois dans le regard de mes enfants. Je la vois sur le visage de Pauline. Je la touche sur les mains de mes amis. J'aime cette vie si brève qu'elle doit au moins être utile, pleine de bruit et de fureur, mais douce.

27

Il a fallu choisir un métier.

Je ne me plaisais pas dans l'enseignement, j'avais bâclé ma maîtrise et mon DEA, ma thèse sur Proust restait au point mort. À la sortie de l'ENA, je suis entré au ministère des Affaires étrangères. Ma carrière de diplomate aura été courte, mais elle m'aura fait découvrir des nations et des villes inconnues, qui ont changé mon regard sur le monde, New Delhi, Téhéran, Tokyo, la Chine, le Pakistan. Je vois encore le jardin poussiéreux et accablé d'un soleil métallique en plein centre de Téhéran, où Dominique de Villepin, Jack Straw et Joschka Fischer lancèrent les négociations nucléaires avec le régime iranien. Je vois les traits placides du général Musharraf laissant laconiquement tomber, au milieu d'un

entretien interrompu par une explosion brutale à proximité de sa résidence : « It's bombing again ! » et continuant comme si de rien
n'était. Je vois le visage stupéfait et ravi de
Kofi Annan, le visage fermé de Colin Powell,
autour de la table circulaire du Conseil de
sécurité des Nations unies, en février 2003, et
le public qui applaudissait à tout rompre la
France.

J'ai connu le pouvoir. J'ai mesuré sa faiblesse, et combien il doit changer en profondeur pour retrouver sa crédibilité et son
efficacité. J'ai occupé des responsabilités en
cabinet. En 2007, j'ai été élu député. Nicolas
Sarkozy m'a appelé au gouvernement, comme
secrétaire d'État aux Affaires européennes puis
comme ministre de l'Agriculture : ce ministère m'a donné la culture du résultat, le goût
des paysans et de leur parole, le sens des responsabilités qui vous dépassent. En 2012, les
électeurs de la première circonscription de
l'Eure m'ont à nouveau fait confiance : je leur
en suis reconnaissant tous les jours. Depuis
quatre ans, je suis dans l'opposition. J'ai toujours estimé que notre défaite collective de

2012 et l'élection par défaut qui l'a accompagnée marquaient la fin d'un monde. En 2012, un vieux monde politique est mort et rien ne l'a remplacé, qu'un socialisme vieillissant qui tente vaille que vaille, dans les derniers mois de son mandat, de se couvrir des oripeaux de la modernité. Qui est-ce que cela trompera ? Personne. Il est trop tard. L'échec est trop patent, les mensonges trop violents, l'impuissance du pouvoir trop aveuglante. Il ne reste à François Hollande pour sauver sa place que les petits calculs, qui sont le propre des époques finissantes qui ne veulent pas finir.

Ces quatre années, je les ai consacrées à rencontrer les Français. J'ai mesuré leur colère. J'ai vu leurs talents et comment ils avaient appris à se débrouiller sans les responsables politiques.

En 2014, je me suis présenté à la présidence de mon parti, avec la conviction qu'il était temps qu'une nouvelle génération assume ses responsabilités. Les près de 30 % que m'ont accordé les militants m'ont confirmé dans mon intuition : la politique française doit se renouveler, les vieux partis ne disent plus rien à personne, vous avez, tous, quel que soit votre engagement politique, envie de renouveau.

Je ne cumule aucun mandat.

Je ne suis plus membre de la fonction publique dont j'ai démissionné, renonçant aux privilèges du statut.

Je suis libre.

Depuis quatre ans, je me suis préparé pour la primaire de 2016 puis la présidentielle de 2017, avec la volonté de porter un espoir nouveau pour la France à qui je dois tout. Ma détermination est totale, mon envie pour la France immense.

Je suis prêt.

Je sais ce que je veux pour mon pays et ce que je peux lui donner : un engagement sans réserve, la volonté de le faire entrer enfin dans le siècle nouveau, avec sa culture et sa mémoire.

Nous sommes prêts, avec les bénévoles qui animent mon QG tous les jours depuis des mois, avec les responsables de mon équipe, avec les jeunes qui depuis 2012 sillonnent les routes et organisent des rencontres publiques à Lille, Sète, Colmar, Bron, Carnac, Moulins ou Nouméa. Nous sommes prêts avec les milliers de référents à travers la France, toutes ces femmes et tous ces hommes qui chaque jour envoient un mot, un conseil amical, un message sur Facebook et sur mon site internet, tous ces soutiens sans visage dont la voix résonne si fort en moi.

Nous sommes prêts, avec les maires, avec les députés et les sénateurs qui me soutiennent, avec tous les élus qui ne supportent plus le fonctionnement de leur démocratie et qui exigent des règles claires. Nous sommes prêts, avec ces entrepreneurs qui attendent que la France fasse enfin le choix de la croissance et des emplois. Nous sommes prêts, avec ces professions libérales qui refusent la gratuité générale des soins et une irresponsabilité qui tuera la solidarité, avec ces agriculteurs qui veulent vivre dignement de leur production, avec ces infirmières qui ne comptent pas leurs heures, avec ces enseignants qui veulent redonner un sens à leur mission, avec ces ouvriers qui demandent le respect de leur travail. Avec les militaires qui nous protègent. Avec les policiers, les gendarmes et les pompiers qui risquent leur vie pour nous. Avec tous ceux qui croient encore dans l'intérêt général et dans la France.

Ensemble, nous allons tourner la page de trente années de vie politique et écrire enfin une nouvelle page de notre histoire.

Notre histoire ne se résume pas à la France de toujours : elle change, elle bouge, elle évolue en silence, comme ces glaciers qui changent de forme dans des craquements sourds.

Elle reste attachée à ses vallées, à ses montagnes et à ses océans, mais est entrée pleinement dans le monde du numérique, et peu de peuples au monde sont aussi connectés que le nôtre. Elle vit dans la forme unique et mobile de ses paysages mais elle aime Beckett qui nous dit : « Fous-moi la paix avec tes paysages ! Parle-nous du sous-sol ! » Elle accuse du retard dans la parité entre les femmes et les hommes, mais elle compte dans ses rangs des Marguerite Yourcenar, des Marie Curie, des femmes qui ont habité dans des stations spatiales ou des pilotes de chasse, des Nathalie Sarraute et des Mona Ozouf.

La France croit à la laïcité, elle refuse de se faire dicter son comportement par quelque religion que ce soit, mais elle accueille sans sourciller toutes les religions qui se soumettent à nos principes. Elle respecte son administration, tant que son administration la respecte, la soutient, et ne cherche pas à la contraindre. Elle est une nation et un État, un État et une nation. Elle a sa fierté, et elle ne veut plus tolérer que sa fierté soit bafouée par tous ceux qui insultent sa mémoire, crachent sur son histoire, oublient sa grandeur, relativisent ses exploits et ses accomplissements.

Nous portons en nous la plaie de Laval et des traîtres à la patrie, qui ont participé à la déportation de ces enfants juifs qui comptaient aveuglément sur la protection de leur patrie, mais nous portons aussi le courage des justes et des résistants, nous portons aussi la générosité de Sully, la grandeur de Bonaparte, la ténacité de Mendès France et la si belle figure de Simone Veil. Nous savons combattre, nous portons haut notre tradition militaire, mais chacun de nous sait que la guerre apporte le malheur et ne résout rien à elle seule. Nous avons tous des parents qui ont combattu et, pour certains, qui sont morts pour la France, nous portons tous le souvenir des massacres passés et de ces lettres que les Poilus adressaient à leurs fiancées ou à leurs parents, tous nous pourrions signer le mot que Céline, sur le front de la Meuse, envoie le 15 septembre 1914 : « J'espère et nous espérons tous voir la fin prochaine de cette tuerie effroyable où la vie humaine ne pèse pas lourd dans la grande balance. »

La France est un peuple encore jeune.

La France est une idée toujours nouvelle.

La France porte en elle le génie de la création, un esprit jamais satisfait qui aime la critique et le débat.

Je ne crois pas à la France apaisée, parce que je crois à une France encore conquérante, qui invente une nouvelle Europe et défend des idées de paix et de justice pour le monde. Je ne crois pas à la France éternelle, parce que la France se vit au présent et que son avenir est devant elle.

Je crois à une France qui se réconcilie avec elle-même, retrouve le goût de la création, donne à ses enfants la possibilité de réussir et de changer le monde.

Ne vous résignez pas !

Avec tous ceux qui croient dans cette France, je veux relever les défis qui nous attendent.

Ne vous résignez pas !

Ne vous résignez pas à ce que devient la France !

Levez-vous !

Le moment est venu.

Composition Nord Compo
Impression CPI Bussière en février 2016
Éditions Albin Michel
22, rue Huyghens, 75014 Paris
www.albin-michel.fr

ISBN : 978-2-226-32490-0
N° d'édition : 22183/01 – N° d'impression : 2018177
Dépôt légal : février 2016
Imprimé en France